JN070927

人口減少時代に向けた

保育所・認定こども園・幼稚園の子育て支援

地域とともに歩む22の実践事例

倉石哲也 編集代表
石井章仁 古賀松香 堀科 編集

中央法規

はじめに

人口減少・少子社会を迎え、保育・教育施設は大きな転換期を迎えています。2024（令和6）年度から施行される改正児童福祉法では、すべての子育て家庭を対象とした支援が市町村を基盤に提供されることとなり、保育・教育施設もその役割を担うこととなります。

これに先立ち、2021（令和3）年の「地域における保育所・保育士等の在り方に関する検討会」では、「人口減少地域等における保育所の在り方」「多様なニーズを抱えた保護者・子どもへの支援」「保育所・保育士等による地域の子育て支援」「保育士の確保・資質向上等」がまとめられたところです。また近年では、0 ～ 2歳児の子育て家庭のうち、保育所等を利用しない家庭に社会的な不利が拡大しつつあるといった調査結果が報告されています。

本書は、転換期を迎える保育所、認定こども園、幼稚園のこれからのあり方を、子育て支援の事例から見出すことを目的として作成されました。ICTを活用した子育て支援、虐待や養育に困難を抱える要支援・要保護家庭への支援、個別に配慮が必要な子どもをもつ家庭への支援、外国籍等多様なニーズをもつ家庭への支援、地域における子どもの居場所づくり、そして子育て支援を行う人材の確保と地域との協働といった、これからの保育所等に期待される役割について先駆的に取り組まれている事例が集められています。

本書によって、保育者による子育て家庭支援の方向性が示され、「子育ち」「親育ち」「親子が生活する地域」を支える保育者の役割とその意義が見出されることを期待しています。そして、保育者が専門職としての誇りをもって、保育という職域の専門性を存分に活用しながら子育て家庭支援に取り組まれることを願っています。

倉石哲也

目次

第5章 子育て家庭へのさまざまな取り組み ③ 多様なニーズに応える I

第6章 子育て家庭へのさまざまな取り組み ④ 多様なニーズに応える II

保育所等に求められる
ニーズの変化

1　支援を必要とする家庭の増加

1-1　補完的から代替的へ

保育所等[*1]は、保育を必要とする乳幼児を、日々、保護者のもとから通わせて保育を行うことを目的とする施設です。保育所等は、人間の成長発達の基盤をつくる、乳幼児期に安心して日常生活を送ることができる居場所であり、保育者[*2]は、保護者の代わりとなって子どもたちの健全な成長と発達を支える役割を担っています。

家族形態の多様化や地域社会の子育て機能の低下が言われるようになり、保育所等には家族や地域が行う子育てを補完し、あるいは代替的に行う施設としての役割が期待されるようになっています。補完には、しつけや生活習慣の獲得など、家庭と保育所が「補い合って完成させる」という意味があり、代替には、保育そのもののように家庭に「代わって行う」といった意味があります。近年では、従来「補完的」であった保育の役割が、家庭の事情や保護者のニーズによって「代替的」になろうとしています。

＊1：本書では特に断りがない場合は、保育所（小規模保育所を含む）、認定こども園、幼稚園を総称して「保育所等」として表記します。
＊2：本書では特に断りがない場合は、保育士、保育教諭、保育補助者を「保育者」として表記します。

1-2　家庭支援機能が求められる時代へ

現在の保育所等は、発達に課題をもつ子どものいる家庭や、親自身や家庭に何らかの困難を抱えるなど、支援を要するさまざまな家庭の利用が増えています。児童福祉法では、虐待の疑いなどで対応を行った児童のうち、保護等を要しない子どもについては市町村に対応を委託し、委託を受けた市町村長は、保護者に対し、児童が健全な保育を受けられるように支援することと定められています。つまり、分離保護は必要としないが、保育所等に通うことが望ましいと判断（評価）された子どもであれば、保育所等を利用することもあるということです。

このように、虐待や不適切な養育が疑われる家庭のほかにも、医療的ケアの必要性や発達課題などのある子どもなど、支援に対して多様なニーズを抱える家庭に向けて、保育所等には、保護者とともに、あるいは代わりとなって、子どもの成長と発達を支える重要な役割が期待されるようになりました。しかし、現実には、要支援家庭が全体の3割を超えている園もあり[*3]、日常の保育を通して行う、子どもと親への専門的な支援のあり方が問われるようにもなっています。このように、近年の保育には家庭支援機能がより求められているのです。

＊3：2022年8月29日付朝日新聞朝刊

2　人口減少時代の保育所等のあり方

2-1　保育所等利用児童の見込み

日本では人口減少時代を迎え、子どもの数が減少するなかで、保育の多機能化に期待が寄せられています。市町村では、ソーシャルワーク機能が強化されるに伴い、保育所等が「かかりつけの相談機関」として位置づけられるなど、保育所等の多機能化と家庭支援機能への期待はますます高まっています。本章では、国の検討会で示された今後の保育所の在り方にふれながら、保育所等に期待される役割について考えます。

日本の総人口は、2008（平成20）年をピークに長期の人口減少に入っています。保育所等の利用児童数が減少している市町村は全都道府県に広がりを見せていますが、定員を満たせていない保育所等の実態把握は十分ではありません。国の予測によれば、保育所の利用児童数のピークは2025（令和7）年で、以降は緩やかな減少に転じる見込みとなっています（図1-1）。

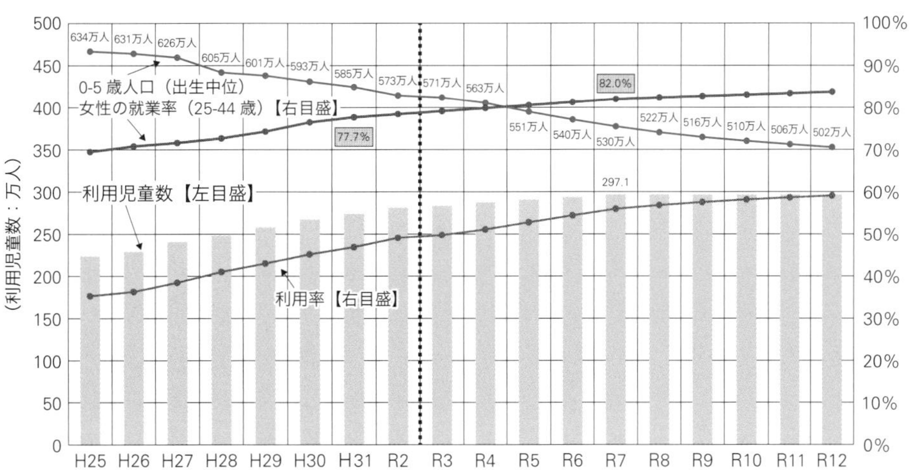

■図1-1　保育所の利用児童数の今後の見込み

上図の利用児童数は、0～5歳人口を基に、女性の就業率（令和7年:82%、2040年:87.2%）及びそれに伴う保育所等の利用率の上昇を踏まえて機械的に算定したものである。

※1　0～5歳人口については、子どもの推計人口（国立社会保障・人口問題研究所）による。

※2　女性の就業率については、令和7年に82%との目標（第2期まち・ひと・しごと創生総合戦略）に対応するとともに、労働政策研究・研修機構「労働力需給推計」（平成31年3月29日、経済成長と労働参加が進むケース）において、2040年で87.2%まで伸びると推計されていることを踏まえて設定。

※3　保育所等の利用率については、女性の就業率の上昇に対応するものとして算定。

出典:厚生労働省「地域における保育所・保育士等の在り方に関する検討会」資料

厚生労働省は2021（令和3）年に「地域の保育所・保育士の在り方に関する検討会」（以下、検討会）を開催し、「人口減少地域等における保育所の在り方」「保育所・保育士等による地域の子育て支援」「多様なニーズを抱えた保護者・子どもへの支援」「保育士の確保・資質向上」の4点について協議を行い、一定の方向性を示しています。本章では、人口減少時代を迎えた日本における保育所等の在り方について考えます。

2-2 人口減少が子育てに与える影響

子どもが減少する地域では、子どもの集まるイベントやお祭りが姿を消し、夏祭りを開いても高齢者の姿ばかりが目立つといわれています。地域社会で子育て家庭が減少することは、①子ども同士が育ち合う機会、②子育てを助け合う機会、③子育ての経験や知恵の共有と伝承、④一定規模の集団を前提とした教育保育活動の維持などに大きな影響を与えると筆者は考えています。

この問題は、核家族化が進行した21世紀の初頭から危惧されていましたが、今後は子どもの発達に一層の配慮が求められるようになります。出生数が減少する地域では、保育をどのように維持するのか、不安を抱く保護者も増えています。

2-3 「保育を必要とする」をどのように考えるか？

地域で子どもの数が減少すれば、子育て家庭の交流は限定的になります。日常の生活や遊びのなかで育つ人間関係、相手を思いやる心、自尊心や自己効力感といった、発達期に必要な課題の達成に影響が出ることも考えられます。子どもの発達の側面から考えると、人口減少地域においてこそ、子どもの発達を促すためにも「保育を必要とする子ども」を把握し、保育サービスにつなげる必要があるのではないでしょうか。

就労や疾患といった保育を利用するための主な目的に加えて、在宅で子育てをする家庭にも、子どもの発達を促すために「保育を必要とする」要件を拡大し、広く子どもを受け入れていくことが検討されはじめています。保育を利用することで、親は子どもの発達や子育てで気になることを保育者やほかの保護者と話す機会が増え、孤立した家庭で高まりやすい育児不安や育児ストレスを軽減させることができるでしょう。

2-4 保育所等を利用しない家庭

国によれば、3歳未満の未就園児の数は177万人で、同年代の保育所等利用児童の108万人を上回ります（図1-2）。保育所等を利用しない理由の一つとして、母親の不就労を挙げることができます。しかし、経済的に困窮している（可処分所得が全世帯平均に

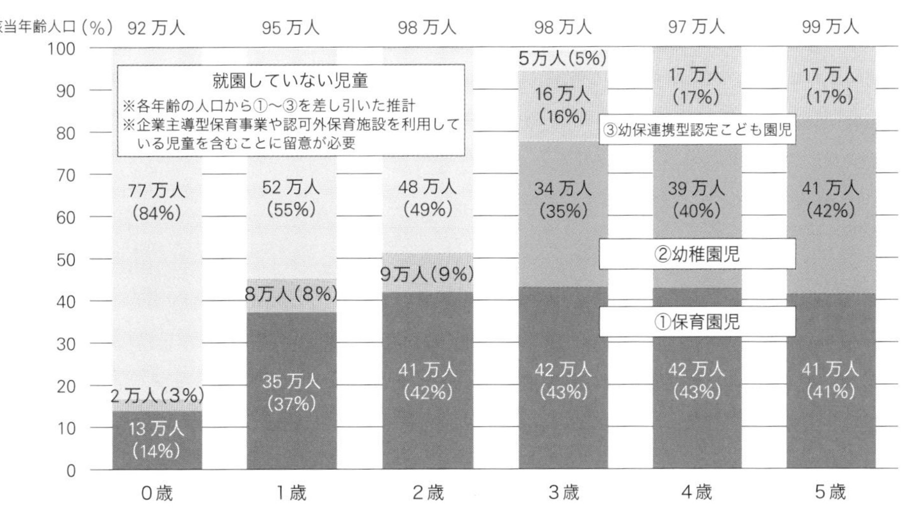

■図1-2　保育園・幼稚園等の年齢別利用者数及び割合（令和元年度）

※該当年齢人口は総務省統計局による人口推計年報（令和元年10月1日現在）より。なお、各年齢の数値は、人口推計年報における当該年齢と当該年齢より1歳上の年齢の数値を合計し、2で除して算出したもの。
※幼保連携型認定こども園の数値は令和元年度「認定こども園に関する状況調査」（平成31年4月1日現在）より。
※「幼稚園」には特別支援学校幼稚部、幼稚園型認定こども園も含む。数値は令和元年度「学校基本調査」（確定値、令和元年5月1日現在）より。
※保育園の数値は令和元年の「待機児童数調査」（平成31年4月1日現在）より。なお、「保育園」には地方裁量型認定こども園、保育所型認定こども園、特定地域型保育事業も含む。4歳と5歳の数値については、「待機児童数調査」の4歳以上の数値を「社会福祉施設等調査」（平成30年10月1日現在）の年齢別の保育所、保育所型認定こども園、地域型保育事業所の利用者数比により按分したもの。
※「推計未就園児数」は、該当年齢人口から幼稚園在園者数、保育園在園者数及び、幼保連携型認定こども園在園者数を差し引いて推計したものである。このため、企業主導型保育事業や認可外保育施設を利用する児童を含む。
※四捨五入の関係により、合計が合わない場合がある。

出典：厚生労働省「地域における保育所・保育士等の在り方に関する検討会」資料

及ばない）家庭でも、母親は育児に専念すべきとの考えからあえて就労せず、保育所等を利用しない（できない）状態にある家庭が一定数あると考えられています。周（2019）は、所得の高い層よりも低い層のほうが専業主婦率が高いと指摘しています。保育料以外の経費（通園バス代、食費、教材費、行事費など）が負担となるため、家庭保育を選択する場合もあるからです。

一方で、可知（2022）は、低所得、多子、外国籍など、社会的・経済的に不利な家庭で無園児（保育所、幼稚園等に就園していない児童）が多い傾向にあり、保育所等を利用していない家庭のなかには、声を上げにくい背景があると述べています。このように考えると、家庭保育が養育に適切ではないケースもあると推測できます。このことからも「保育を必要とする子ども」を地域で把捉し、保育を通した発達支援と子育て支援を積極的に行う必要性が高まっているということができるでしょう。

2-5　これからの保育所・保育士のあり方

地域における今後の保育所等は、子育て家庭が抱える多様なニーズを把握し、適切な保育・子育て支援を提供できるような体制に徐々にシフトすることが期待されます。人口減少下においても、保育を必要とする家庭には、質が担保された保育を確実に提供できるようにしなければなりません。そのためには、市区町村と保育所等の運営者は、地域のすべての子育て家庭における子どもの育ちと保育等に関するニーズを共有しつつ、保育所等保育の強みを活かし、子育て家庭のニーズに合わせた保育サービスの柔軟なマッチングを考える協力体制を強化することが不可欠です。

また、保育人材の確保の方策を具体化するとともに、専門的スキルや資質の向上を目指した研修内容と方法を組み立てることも喫緊の課題となります。保育サービスに多様性をもたせることと、多様なサービスの提供を可能とするような国・自治体によるあらゆる側面からのバックアップが期待されるところです。

2-6　人口減少地域における保育所等のあり方

◎人口減少地域における保育の確保

人口減少地域においては、定員割れなどにより保育所等の運営が困難になっています。しかしながら、保育所等は地域を維持するうえで欠かせない、子どもの育ちと子育て家庭を支える社会的な機能をもつ施設です。保育所等が存在しない地域では、子育て世帯が消滅し、地域自体も衰退する可能性が高まります。自治体や地域社会においては保育が持続的に提供できるよう、状況により規模の縮小を弾力的に行えるような仕組みをつくりながら、運営主体が立てた固有の計画をもって協議を進めることが期待されます。

公私連携型保育所は、保育所の設置・運営を民間に委託しながらも、運営に関して市区町村の関与を一定程度維持でき、市区町村が保育提供体制を構築するにあたっての選択肢の一つとなるでしょう。そして、その創設に寄与するものとして、2022（令和4）年度から施行された社会福祉連携推進法人制度の活用があります。社会福祉連携推進法人は、社会福祉法人等が社員となり、福祉サービス事業者間の連携・協働を図るための取り組みなどを行う新たな法人制度です。社会福祉連携推進法人の活用により、福祉・介護人材の確保や、法人の経営基盤の強化、地域共生の取り組みの推進などが可能となります。法人間の連携によって円滑な人材の確保や一体的な研修の実施などが行えるようになるため、地域での活用が期待されています。

◎多機能化やほかの機関との連携に対する支援

人口減少地域だけでなく、あらゆる自治体で児童の数や保育者を含む子育て支援の担い手が減少しており、人材の確保は喫緊の課題です。同様に保育所等の多機能化は、在園児以外の地域の子育て家庭の多様な保育ニーズに対応しつつ、子どもの成長発達を促す保育所等の強みとして、積極的に検討する必要が生じています。検討会では、多機能化に向けた今後の取り組みとして、定員に余裕のある保育施設では、当該保育所等に通所していない3歳未満児を一時預かり事業で週1～2回程度預かることや、児童発達支援機能等の付設が可能となる保育体制が示されました。

多機能化を推進するため、自治体と保育所等には、国の人材確保策や財政支援策などに関する情報を共有しつつ、子育て家庭のニーズに対応できる仕組みを考案することが期待されています。

3　これからの地域における保育所・認定こども園等のあり方

3-1　すべての子育て家庭を対象とした支援

国は、「令和3年度 社会保障審議会児童部会社会的養育専門委員会」を開催し、育児不安や不適切な養育（虐待など）を未然に防止するためのあらゆる方策について議論を行いました。委員会の報告書では、育児不安や不適切な養育の防止において保育サービスに一定の効果が見られるとしたうえで、さらに「家庭環境、養育環境をより良くするための支援について充実を図る」ために、「全ての子育て家庭」を対象にした相談支援体制を図るとされています。

委員会では、身近な地域レベルで「かかりつけの相談機関」（図1-3）を設け、すべての子育て家庭を対象として妊娠期から相談支援につなげる仕組みが示されました。「かかりつけの相談機関」とは、家庭の身近な場所にある保育所、児童館、地域子育て支援拠点などのことで、気軽に相談することができ、相談内容によっては、かかりつけの相談機関から専門的なサービスにつなげられるように整備するとしています。

また、現在、市町村の運営する「子育て世代包括支援センター」と「市区町村子ども家庭総合支援拠点」は「こども家庭センター」として統合することとし、妊娠期からの子育てを一体的に支援できる体制の整備が進められています。

特に社会的不利を抱える家庭は、相談や子育て支援、保育に結びつきにくい傾向があると考えられています。「かかりつけの相談機関」構想は、地域には支援を求め

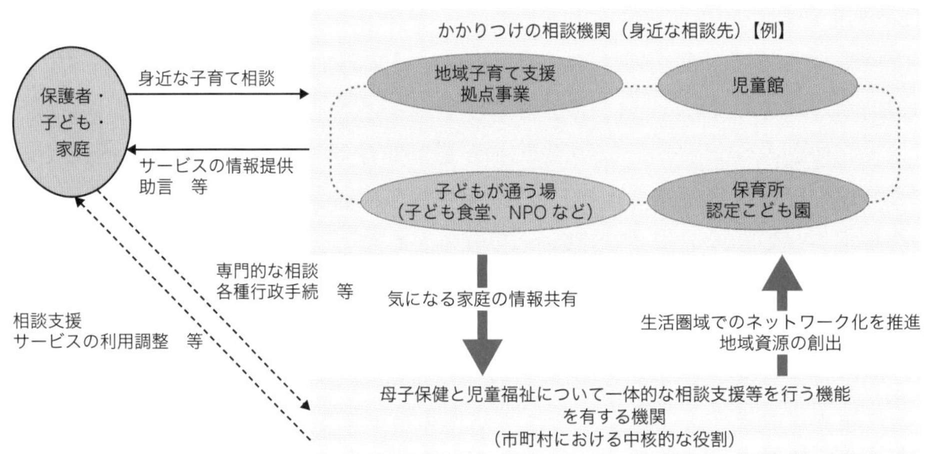

■ 図1-3　すべての子育て家庭が気軽に相談できる環境について
出典：「社会保障審議会児童部会社会的養育専門委員会（第33回）」検討資料を一部改変

にくい子育て家庭があることを理解し、妊娠期からの早期に身近な場所で接点をつくり、地域の資源につなげていこうとする一つの試みです。

かかりつけの相談機関には、要支援家庭を早期に発見し保育等につなげる役割と、多様化した保育サービスにより孤立しがちの家庭を含むすべての家庭を受け入れ支援ニーズを把握し、こども家庭センターを含むあらゆる地域の資源に的確につなげるという機能をもつことが期待されています。

3-2　妊娠期からの切れ目のない支援

日本では、妊娠期から出産・産後を経て、就学前までの支援は、母子保健分野を主体とした「子育て世代包括支援センター」によって運営されています。自治体によっては、フィンランドのネウボラをモデルにした産前・産後ケア事業の導入が進められているところもあります。

産前・産後ケアでは、保健師が一つの家庭を継続的に支援することで強い信頼関係が生まれ、育児負担や不安を軽減し、育児手技の獲得を目指します。併せて、子育て支援等のサービスと接点をもつことで、一時預かりや養育家庭訪問といったサービスへのスムーズな移行も可能となります。また、産前・産後ケアと並行して、法定の乳幼児検診の際に、保健師とともに保育者が関与することで、一時預かりや保育利用の心理的垣根を低くできるとも考えられています。

3-3　アウトリーチ型支援

◎未就園児の把握

市区町村では、既存の調査を通じて、就園児童数と同様に未就園児童数も把握しています。また、乳幼児健診未受診家庭についても把握されています。しかしながら、社会的な不利を抱えたまま保育所等を利用しない家庭を、支援にうまくつなげられていないのが現状です。

支援につなげにくい理由の一つとして、家庭から申請（相談）がなされてから動く「申請主義」の考えが、自治体の長らくの慣習としてあり、申請（相談）されない場合の対応に慣れていないことが挙げられます。そこで、近年のサービスでは、出前や訪問を意味する「アウトリーチ型支援」が着目されています。「アウトリーチ型支援」によって未受診・未就園児家庭を地域の子育て支援や保育につなぐ、積極的な展開が期待されています。

アウトリーチ型支援は、未就園児のいる家庭への支援として必要不可欠なサービスとなりつつあります。未就園児のいる家庭のなかには、「子育ては親（家庭）がしっかりしなければならない」といった家族主義的な考えを強くもち、支援を求める=子育てができないこと、といった自責の念に苛まれてしまい、頼ることが苦手な親がいます。さらに、「（子育てに）口を出されたくない」、「批判だけして何もしてくれない」と保育サービスに対して疑念を抱いている親も少なからずいます。訪問で親の言葉に耳を傾けてその考えを尊重し、訪問者との人間的なつながりをつくったうえで、子どもの育ちを共有し子育て支援や保育につなげるアウトリーチ型支援を形づくるときが来ているといえるでしょう。

市区町村は、乳児家庭全戸訪問事業（こんにちは赤ちゃん事業）によって、生後4か月未満のすべての子どもとその親への接触を果たしています。本事業を拡大し、定期的なアウトリーチ型支援を継続し、信頼関係を築く仕組みづくりが期待されます。

3-4　一時預かり事業の拡充

日本の0～2歳児の就園率は、OECD（経済協力開発機構）諸国のなかでは低いレベルにあります。先に挙げた「3歳児神話」とともに、保育所等を利用するための「就労条件」のハードルが高いこともその要因の一つと考えられています。待機児童の多い地域では、フルタイム就労でなければ優先順位が下がり、保育所等の利用につながりません。こういった状況に対処するためには、就労条件に左右されない、一時預かり事業の利用枠を広げる必要があります。

一時預かり事業については、検討会でも広く議論がなされています。未就園児を養育する家庭が地域の子育て支援機関に相談でき、支援を受けるなかで、保護者のリフレッシュ目的での一時預かりの利用を促進することは、保護者の身体的・精神的なストレスの軽減に効果があり、また、通常保育所等を利用しない家庭の状況を把握できるという意義があります。さらに、3歳未満の未就園児の一時預かりの利用は、集団生活を通じて他者と過ごすことにより、日常的にほかの家庭の子と交わる機会の少ない子どもたちに、自我の芽生えや自立を促す機会と捉えることができます。

一時預かり事業を提供する側には、子どもの特性を含めた家庭の状況が事前に把握できないといった不安があります。保育所等を普段利用していない児童を預かる困難さを軽減する方策として、検討会では、保護者や子どもが事前に施設見学や慣らし預かりを体験することや、保護者、事業者が相互に理解したうえで利用を開始するといった事前登録制度の推進などが示されています。また、急な一時預かりへの対応として、市区町村が中心となってICT等を活用し、利用可能な一時預かり事業を確認・予約・利用できる仕組みをつくるなど、自治体とともに利用環境の支援を行うことも有効と考えられています。

3-5　医療的ケア等、配慮を要する子どもの受け入れ

先天性疾患や発達に遅れのある子どもは、現在、保育所・幼稚園等に通えていない傾向にあります。先天性疾患により経管栄養や痰の吸引などの医療的ケアが必要な子どもの場合、医療的ケアを行える看護師がいる保育所や障害児向け保育施設が家の近くになければ、就園のハードルは高くなってしまいます。疾患や障害のある子どもに合わせた医療的ケアを行うことができる看護師の確保は自治体にとって喫緊の課題となります。

障害がある子どもの場合、保育所に受け入れる空き（枠）があっても、自治体に加配の保育者を付ける予算がないために、保育所に入ることができないといったケースが散見されます。そのような場合、保育所利用の申請時期を過ぎると（転入による等）、加配保育者を付けることができないと言われ、保育所利用を断念せざるを得ません。保育施設が運営費をやり繰りして受け入れている場合もありますが、本来であれば障害の有無にかかわらず、その子どもに合った保育が受けられるように、利用条件や保育体制の弾力化などが求められるところです。

現在では稀となりましたが、ASD（自閉スペクトラム症）、ADHD（注意欠陥多動性障害）など発達上の課題を理由に保育所等の利用を躊躇（ちゅうちょ）し、退園するケースもあります。保護者が、周囲から「親がそばにいたほうがよい」といった母性規範を押しつけられているように感じ、家庭保育に切り替えたというケースも少なくありません。

3-6　外国籍家庭の保育所等利用

外国籍家庭では、保育や幼児教育の考え方の違いや日常言語が日本語でないことを背景に保育所等を利用せず、地域とのつながりもなく孤立していることがあります。子育て情報にアクセスできたとしても、行政用語や抽象概念が多いと理解できず、言語の壁や手続きの煩雑さから、子育て支援とつながりをもてずにいる家庭が存在します。そのような家庭に対しては、通訳者の派遣や地域の同じ国の住民（民族）コミュニティへの働きかけによって、母語と日本語によるコミュニケーションの手段を確保する必要があります。外国籍家庭では、親の雇用が不安定なため、地域によっては保育所等の入園が不利になるケースもあります。

3-7　ヤングケアラー

医療的ケア児、障害児、外国籍家庭などの場合、年長のきょうだいが日常の世話や家事などの役割を担っているケースがあります。親に身体や精神の障害があるなど、何らかの生活課題を抱え、子どもが家事や介護を担わざるを得ないような場合です。きょうだいが多い世帯では、年の離れた兄や姉が下の子どもの面倒を見ており、親が就園の必要性を感じていない可能性も考えられます。

ケアを担う子どもは友人がつくれず、学習時間も少なくなり、怠学や不登校と見なされることがありますが、ヤングケアラー自身が自分の不利を自覚していることは少なく、自ら相談することもないため、教職員が気づきにくい側面もあります。保育所等は、ヤングケアラーの支援のために、小・中学校、介護・障害等サービス事業者と情報を共有しつつ、ヤングケアラーの把握とケアの負担軽減を考えていく必要があります。

3-8　保育所等の情報公開

保育所を含め、子育て支援に関する施設の情報は、必ずしも自治体サイトでわかりやすく公開されているとはいえません。近年は、市民向けに発行される子育て支援情報誌が豊富にありますが、画一感は拭えず、自ら情報を入手する親とそうでない親との間に格差が生じています。定期的な情報のアップデートが遅れ、使い勝手が悪くなってしまうこともあります。

検討会では、保育所等の情報公開と発信について、「ここ de サーチ」等の活用が議論されています。保育所等とつながりがない保護者には、気軽にかかりつけの相談機関などを訪れてもらえるよう、ICTなどを活用した情報提供を積極的に行い、子どもの年齢に応じた遊び方や保育技術を紹介するなど、接触面を広げることが重要となります。「ここ de サーチ」についても、さらなる記載の充実について、市区町村とも協働しながら進めていくことが期待されています。

3-9　保育者の資質の向上

経済分野で著名なペリー就学前プロジェクトでは、社会的に不利な家庭で育つ子どもにこそ、質の高い保育・幼児教育が必要であることが立証されています。また、社会的に不利を抱える子どもの場合、非認知能力（失敗を恐れない意欲、協調性、忍耐力）の獲得には、質の高い教育を受けた保育者の存在が有用であることも証明されています。

子どもたちの愛着対象としての保育者の存在は、子どもの発達のみならず、親とのコミュニケーションでも良い役割をし、育児不安の軽減にも大切な役割を果たしています。検討会では、保育者の専門性を高めるための研修を充実させるとともに、研修のオンライン化や勤務時間中のノンコンタクトタイムの時間的・空間的確保が必要であると提言されたところです。

参考文献

- 可知悠子『保育園に通えない子どもたち――「無園児」という闇』ちくま書房、2020年
- 厚生労働省「地域における保育所・保育士等の在り方に関する検討会とりまとめ」 https://www.mhlw.go.jp/stf/newpage_22843.html

- 厚生労働省「令和3年度 社会保障審議会児童部会社会的養育専門委員会 報告書」 https://www.mhlw.go.jp/content/11920000/000896223.pdf

- 厚生労働省「社会保障審議会児童部会社会的養育専門委員会（第33回）」資料 https://www.mhlw.go.jp/stf/newpage_20937.html
- 周燕飛『貧困専業主婦（新潮選書）』新潮社、2019年

第2章

子育て支援の現状と未来

―― 保育を通じた現代の保護者支援

1　子育て家庭の現状

1-1　現代の保護者の現状（1）――マニュアル化から私事化へ

本書のテーマである保護者支援は、子どもの保育と同様に保育者にとって大切な役割です。孤立育児、子育ての自己責任、コロナ禍、と子どもを育てるうえで、今日の保護者はさまざまな困難に直面しています。本章では第1章の内容を踏まえ、特に子育て支援（園を利用する保護者と園児への支援、地域の子育て家庭への支援）に焦点をあて、現在のニーズとそれに対応する保育所等の支援のあり方について考えます。

①マニュアル化

現代社会はマニュアルが溢れているといっても過言ではありません。筆者は、大学入試で共通一次試験が取り入れられるようになった世代からを、マニュアル世代と名づけています。1979（昭和54）年の大学入試から、共通一次試験でマークシート式の解答が導入されました。記述式と違い、マークシート式は、選択肢のなかから正答を選ぶという方式です。つまり、用意された答えのなかから最適な解答を導き出すという方法が導入されたこの世代は、社会的動向と相まってマニュアルに晒（さら）されることとなりました。子育てに関するマニュアルや情報誌としては「たまごくらぶ」「ひよこくらぶ」が現在の育児雑誌の草分けといえるでしょう。

マニュアル化が進行するに従い、「トリセツ」が謳（うた）われはじめ、人間関係や親子・家族関係にまで取り扱い説明書が求められるようになっています。仮にマニュアルやトリセツが存在していたとしても、子育てはその通りにいかないということは誰もが頭では理解していますが、本能的に「模範解答に近い選択肢」を先に欲するようになっています。

子育て相談の場でも、一緒に話し合いをするよりも、先に答えを求める傾向が強くなっているのではないでしょうか。スマートフォンを操作すれば、何か答えが返ってくる現代社会です。何もないところから答えを見出すのではなく、答えや選択肢を示してもらうことで安心感をもち、子どもと向き合うことができる保護者が多くなっていると考えられるでしょう。

②自己責任化

1986（昭和61）年に男女雇用機会均等法が施行され、仕事と子育てのワーク・ライフ・バランス（仕事と生活の調和）の法的な実現とともに、女性にとっては法の下での平等のなか、仕事と子育てをバランスよく遂行することが暗黙裡(あんもくり)に期待されるようになりました。2005（平成17）年の次世代育成支援対策推進法の施行以降、育児休業制度が整備されました。ワーク・ライフ・バランスが可能となるような環境が整備されましたが、ほぼ同時期に新自由主義的な社会が到来したため、働く母親にとっては子育ての負担感が逆に増すようになったのではないかと筆者は考えています。

これまでの規制をなくし、自由に自分の判断で選択できるようになる社会の実現は、一方で自己責任を強く求めるようになります。仕事と子育てを両立させるという選択をした親たちに対して、それは本人の責任であるという社会の眼が向けられるからです。自分で選んだのだから責任は自分でとるという考えには一理ありますが、それによって弱音が吐きにくくなるのは健全とはいえないでしょう。

人間の子どもは「生理的早産」で出生すると考えられています。多くの動物は、生後すぐに、自分の四肢を動かして移動することができる状態で生まれてきますが、人間の赤ちゃんは自分の力を使って移動するまでに数か月を要します。母親は、未熟な状態でこの世に生を受ける赤ちゃんを四六時中ケアしなければならず、それは一人でできるものではありません。つまり、人間の子育ては、母親と母親を支える人々による共同の養育で成り立っていると考えるべきなのです。

産後のうつは、ホルモンの分泌が出産を経て大きく変化するために起こりますが、それにより周囲から助けを得られるようになります。つまり産後うつは、人間の発達の過程で生み出された、母親の育児を助ける脳の仕組みではないかとも考えられています（NHKスペシャル　ママたちが非常事態!?）。母親が、子育てを一人でうまくできないのは自分の責任だと自身を責め、頼ることは弱いことだと思い込むこと自体に大きな問題があるといえるのです。

保育所を利用する保護者のアンケート結果からは、「育児と仕事の両立が難しい」「自分の時間を確保することが難しい」といった葛藤が窺(うかが)えます。しかし、それを他者に話したとしても、自責の念や自罰的な意識が強くなるだけではないでしょうか。

③私事化

私事とは、公的な立場を離れ、一個人としての生活や家族に関連した個人的な事柄を意味します。つまり、私事化とは、個人や家族に関連することを優先する傾向にあることを指します。近年は、価値の多様化や個性を大切にする考え方が広がっているため、園での決まりごとや園からのお願いごとよりも個人の事情を優先させ、園から改めてお願いをする場合、理由や根拠を丁寧に説明する必要があり、個別対応に時間を要する保護者もいます。

保育時間の合間に習いごとに通わせることを要求する保護者を例に挙げると、保護者は子どものことを思い、習いごとに通わせたいのですが、保育所側からすれば、保育や担任等に与える影響、保育中の子どもの立場を想像しているとは言いがたいわけです。こういった状況では、相互理解のためには丁寧な話し合いの機会が欠かせません。保護者の事情や考え、その背景にある保護者の子育て観などをしっかりと理解したうえで、保育所等保育の意図や子どもの成長発達に与える影響を伝えつつ、解決策をともに考えるという態度を保つことが重要となります。

保護者の言い分だけを聞いていると保育は成り立ちにくくなり、また子どもの成長発達に影響を及ぼしかねません。保育所等で計画されている保育を安定させるためには、保護者と対等の立場で丁寧な話し合いをすることが求められるようになっています。

1-2　現代の保護者の現状（2）——保護者のニーズ

①保育所を利用している保護者のニーズ

厚生労働省が2021（令和3）年度に実施した「保育所等における子育て支援の在り方に関する研究会報告書（三菱UFJコンサルティング）」（以下、報告書）から、現代の保護者の支援ニーズを概観します。

子どもに関する心配ごとなどについては、「言う事を聞かない」「食事に関する不安がある」「生活リズムがきちんとつくれていない」などに「とても当てはまる」「当てはまる」と回答した保護者は3～4割となっています。一方、親自身のことについては、「身体の負担が大きい」「仕事と子育ての両立が難しい」「精神的なストレスが大きい」「他のことに割く時間を確保できない」に4～5割の保護者が「とても当てはまる」「当てはまる」と回答しています。特に母親は、身体的負担（58.7%）、精神的ストレス（55.5%）、仕事と子育ての両立の困難さ（54.4%）に「当てはまる」割合が高い傾向を示しています。

また、「子どもが欲しくなかった」という悩みは「育児環境に関する支援ニーズ」の因子と相関性が高く、保護者の個人的特性によるところよりも、育児環境に影響を受けている可能性があると推測できます。保育所等保育における保護者支援は、「子育て」に焦点化した支援と、同時に保護者が抱える育児負担やその緩和などに焦点をあて、保護者が心身ともに安定して生活することができるための支援も重要となります。

保護者が相談しにくいと感じることとして、子ども同士のトラブルなど、ほかの保護者を巻き込む可能性があることや、園に対するクレームと受け取られかねないことは、相談を避ける傾向にあることがわかりました。実際に、保育所等の対応について連絡を入れた後に保育者から過剰に謝られ、かえって居心地の悪さを感じたという保護者もいます。

②保育所を利用していない家庭の現状

・子育ての孤立と育児負担感

負担感を抱くことは悪いことではありません。一人の人間を育てる行為はそれほど尊いことで、楽をして子育てができることはないからです。では、現代の保護者の負担感が取り上げられるのはなぜでしょうか。

その一つは、一人で子どもの成長の責任を背負わなくてはならないことで、もう一つは身近に負担感を吐き出す場がなく相手もいないということです。負担を感じた際に、それを語る相手が身近にいれば負担は大きくならず、一人で抱え込めば負担は増大することになります。特に、身体的な疲労を軽くするための一息を入れる機会がなければ、身体的な負担はやがて精神的な負担となります。身体的・精神的に負担を重ねれば、負の感情に支配されて自責の念を抱え、その感情を子どもとの間でしか発散できなくなります。「子どもが私を責めている」「子どもがわがままなのは私の責任」と自責の念を強め、うつ傾向をもたらすことは容易に想像できます。

・3歳児神話

3歳児神話は、ボウルビィの「maternal deprivation＝母性剥奪」がいわれた1960年代後半に端を発します。経済成長のただ中にあったわが国では、専業主婦が主流となっており、この神話が「女性は子育てに専念したほうがよい」ということを裏づける理論として重宝されました。

ボウルビィは、「母性剥奪」の研究において、子どもには母性的な養育、つまり子どもにとって安心・安全な基地が必要であり、子どものSOSを見逃さず（感受性）、SOSに適した対応（応答性）を施す主体が必要であることを示唆しました。しかしながら、当時のわが国の社会的事情が、この神話を後押しすることになりました。現在では、3歳児神話は支持されるというよりも、子どもにとって安心・安全な基地としての養育者の存在、その養育者の感受性と応答性が重要であると認識されるようになっており、保育者は子どもにとって重要な存在（愛着対象）として位置づけられるようになりました。

3歳児神話を支持する親を否定するわけではありませんが、この神話に縛られた結果、子育ては母親の責任であるというような母性規範を強めてしまうことが、親子（母子）関係を歪めてしまうとも考えられます。ワーク・ライフ・バランスが一般的になりつつあるわが国では、女性の生き方に社会的な関心が向いています。その結果、育児に専念するか、仕事と育児の両立を目指すのかを母親が判断しなければならず、どちらを選択しても母親は自分で決定したという責任と向き合い続けることになりました。

特に、育児に専念するという選択をした場合、責任感を強めることは容易に想像がつき、他人に愚痴をこぼすことも頼ることもできない状況に陥ります。子育てを頼る相手がいない場合、3歳児神話は母親の責任感を強め、子育てに専念させるものの、一方では経済的な困窮状態が余儀なくされる場合も少なくありません。

・社会的不利を抱える家庭——経済的困難、外国籍等

社会的不利を抱える家庭のなかには、保育所等を利用できることを知らない子育て家庭もあります。保育所等は広報を積極的に行う必要がありますし、SNSを活用した情報提供の仕組みづくりも進められているところです。また、情報を知っていても、手続きの方法が理解できない場合や利用を躊躇(ちゅうちょ)する何らかの理由を抱えている家庭もあります。手続きを簡略化するためのサポート体制を保育所等や自治体で考え、簡便な利用への結びつきにつながることが期待されるところです。

外国籍家庭の場合は、母語による支援が必要となります。翻訳機や通訳の派遣など、自治体の協力が必要となるでしょう。同時に、保育所等では子どもと保護者に母語で挨拶を交わしたり、保育に必要な道具や設備を母語で説明できるようにするなど、母語に支えられることで保育所等の施設への安心感を高め、日本語や日本文化への溶け込み(交流)ができると考えられています。特に子どもの場合、母語を忘れることは思春期以降のアイデンティティの形成時に問題を抱える可能性が指摘されています。

2　保育所等が担う子育て・保護者支援

2-1　保護者支援の考え方

児童福祉法第18条の4では、「保育士とは、(略)保育士の名称を用いて、専門的知識及び技術をもって、児童の保育及び児童の保護者に対する保育に関する指導を行うことを業とする者をいう」と、保育士の役割について定めています。また保育所保育指針第4章の「子育て支援」では、総則で「保育所における保護者に対する子育て支援は、全ての子どもの健やかな育ちを実現することができるよう、(略)保護者及び地域が有する子育てを自ら実践する力の向上に資する」と示されています。

このように、法律と指針に示された保育所における保護者支援は、「保護者が自ら実践する子育ての力を引き出し、向上するよう導く（指導する）こと」となります。具体的には、送迎時の対話、子育ての悩み相談、保育見学や保育参加といったあらゆる機会を捉え、保育者は保護者を支援する必要があるといえます。

一方、現代社会では、自己責任の意識が進み、相談をするのは自分が子育てをしっかりとできていないからで恥ずかしい、と相談を避ける保護者が増えています。保護者同士で子どもの育ちについて話し合う機会は激減し、自分の思いどおりに子育てができない、子どもが思ったように育たないといった悩みを抱え込む傾向に拍車がかかっています。

2-2　すべての家庭を対象とした相談支援

①すべての子育て家庭を対象とした相談支援――国の取り組み

子育てを取り巻く環境の変化を鑑み、育児不安や虐待（不適切な養育を含む）の未然防止を目的として、国は「令和3年度 社会保障審議会児童部会社会的養育専門委員会」を開催し、子ども・子育てに関して集中的に議論を行いました。同委員会の報告書[*1]では、「全ての子育て家庭」を対象にした支援の充実を図るとされています。

また、出生数が減少するなかで、地域における保育をどのように維持するのか。子どもが減少する地域では、子どもの主体性、他者への尊重、人間関係、自尊感情の醸成などに望ましくない影響が懸念され、不安を抱く保護者も増えています。

相談支援ではソーシャルワークの視点が重要となります。保護者からの相談には、子どもの育ち、自身や家族関係の悩み、クレームなど、多岐にわたり、保護者の背景や家庭生活全体を理解する必要のあるものが多く含まれます。ソーシャルワークでは、問題を「個人の問題とせず」、本人を取り巻く生活で起きている「社会的な問題と捉える」ところに特徴があります。

「子どもがかわいく思えない」と訴える保護者の場合、その背景に、孤立や相談する相手の不在、家庭のストレス、自身の育ちなど、現代社会の問題や本人の生活問題が絡み合っています。訴えの背景を考えつつ相談内容を受け止め、支援の方法を保護者とともに考えるのが相談支援です。

②相談とは何か？

相談について考えてみましょう。「相」が使われる言葉に「相槌（あいづち）」があります。「相槌（あいづち）」は鍛冶で二人の職人が交互に槌（つち）を打ち交わすことを指します。「相槌（あいづち）」は聞き手が話者に関心をもち、理解していることを示す行為をいいます。また、「談」は言葉が弾む様子を指します。つまり「相談」とは、聞き手が関心をもって話し手の話を聴き、二人で言葉を紡ぐやりとりのことを指します。「相」と「談」を通して話し手は気持ちが落ち着き、自分で解決の糸口を見つけることがあります。

③保育における相談支援の考え方（ソーシャルワークの考え方）

保育における相談支援（保育相談支援）では、子どもの話ばかりでなく、保護者自身の悩みや家庭問題など、幅広い相談が寄せられます。それは保護者が保育者を信頼している証ともいえます。

虐待やDVなど、直ちに対処すべき問題は、行政や専門機関につなぐことを考えますが、保育相談支援は、ソーシャルワークの考え方（原理）に基づいて行われます（表2-1）。まずは、相手の養育や態度を批判せず、そうせざるを得ない事態を理解し受け止めることです（原理①人権擁護）。次に留意すべきは、相手の考えや思いを否定せず尊重し（原理②主体性尊重）、相談者をできない人ではなく、できる人として受け止めます（原理③可能性尊重）。また、訴えの背景を生活全体から把握（原理④生活の全体性尊重）し、地域の関係機関につなぐことを意識し（原理⑤地域生活の尊重）、援助過程に保護者の参加を促します（原理⑥参加と連帯）。

④保育者に必要なコミュニケーションスキル

ここでは、傾聴技法のなかでも基本的な「反復」「要約」、そして「ストレングス視点」について説明します。

よい聴き方とは、語られる内容を簡単にわかったつもりにならず、関心をもって聴くことです。保護者からの相談を「わかった」つもりになると、知的好奇心が働かず、話を聴くことができません。聞き手は保護者が語る言葉を「反復（言語を追跡）」し、話された内容を「要約（まとめる）」します。「子どもと一緒にいるとイライラしてしまう」には、「一緒だとイライラされるのですね」と返し、「父親は週末も仕事で、子どもの話ができていない」には、「お話ができていないのですね」と後半の話題を反復し、「週末お仕事で話ができないのですね」と話題全体を要約します。反復と要約は、「あなたの話を真摯に聴いています」という聞き手の意識を、相手に伝えるための技法です。

■表2-1　保育相談支援における、ソーシャルワークの6つの原理

原理①人権擁護
原理②主体性尊重
原理③可能性尊重
原理④生活の全体性尊重
原理⑤地域生活の尊重
原理⑥参加と連帯

ストレングス視点とは、相手の「強み」を見つけることを指します。保護者は、相談ができる人であり、問題と向き合い解決しようとしている人です。また、保育者に頼ることもできる人です。強みを見つけることは、保護者との信頼関係を作るうえで不可欠といえます。

効果的なコミュニケーションのためには、日頃から保育相談支援の原理を理解し、日常の会話から技法を意識的に活用することをお勧めします。

⑤保育参加を通した保護者支援

保育所保育指針第4章には「保育の活動に対する保護者の積極的な参加は、保護者の子育てを自ら実践する力の向上に寄与することから、これを促すこと」とあり、保育参加が奨励されています。多くの園で取り組まれている保育参加ですが、保護者支援の目的としては認識されていない保育所もあります。保育参加は、参加した保護者にとって、「保育内容の理解」「子どもの育ちの理解」に加え、保育を体験することで「子どもとのコミュニケーションが捗(はかど)る」、子どもから慕われる体験を通して「自尊感情が高まる」といった効果が認められます。コロナ禍で実施が難しい状況ですが、感染対策等を施しながらの実施も期待されるところです。

＊1：令和3年度 社会保障審議会児童部会社会的養育専門委員会　報告書

2-3　地域の子育て家庭への支援

①一時預かり

保育所等の一時預かりは、就労や家庭的な事情による預かりが一般的な利用となっていますが、現代では、親自身のリフレッシュやレスパイト（休息）を目的とした利用も推奨されるべきでしょう。「地域における保育所・保育士等の在り方に関する検討会」（2021（令和3）年度）の取りまとめにおいても、今後の保育所等の在り方として、一時預かりの広がりが期待されています。

保育所等保育と比べると、一時預かりは、子どもと保護者の様子や家庭状況がつかみにくい、保育の連続性が保てない、などの課題も指摘されています。国はこれらの課題を解決すべく、事前に面談し情報を共有する仕組みを構築し、一時預かり専任スタッフの配置等に予算配分を考えるなど、検討に入っています。

保育者が、リフレッシュやレスパイトの必要性を理解し、親の身体的・精神的疲労を軽減することは育児に必要であり、不安の軽減にもつながるものです。リフレッシュのために子どもを預けることを肯定的に受け止める必要があります。

②子育てひろば（地域子育て支援拠点事業）

地域子育て支援拠点事業では、これまで、地域の民生委員等のボランティア団体やNPO団体の草の根的な活動として、孤立傾向の子育て家庭を身近な地域で支える取り組みを行ってきました。2008（平成20）年には、地域子育て支援拠点事業が法定化され、第二種社会福祉事業に位置づけられることとなり、以降「子育てひろば」の愛称で親しまれています。保育所等に併設されている場合と、拠点単独で実施されている場合に大きく分かれます。

子育てひろば全国連絡協議会が実施した、利用者を対象とした調査（2018（平成30）年度）からは、親が支えられる体験を通して、自身の子どもの良さに目を向けることができ、ほかの子どもとかかわることで自尊感情を高め、自身が地域で役に立つことをしようとする意識が芽生えていることが明らかにされています。また、親として成長する過程では、安心していつでも利用できる場をもつことと、安心して相談できる相手が身近に存在することによって、子どもとの愛着を安定させることができることが併せて明らかにされています。

このように、子育て広場は、親としての成長を促し、安定した親子関係を築くことを促す居場所としての機能が着目されるようになっています。

③利用者支援

利用者支援事業には、利用者支援と地域連携の2つの機能があります。利用者支援は親の相談を個別に受け止めていこうとする相談機能です。地域連携は、親の相談を受けながら、相談内容により地域の身近な相談機関や専門職につなげる機能です。つまり、相談を受けた際に保育所等（地域子育て支援施設を含む）で完結させるのではなく、保護者のニーズを受け止める関係者へのつなぎを意識しようとするのが目的となります。

もちろん、保育所等における相談対応で完結させることも可能ですが、子どもの発達や性格特性、家庭等の複雑な問題、保護者自身の疾患など、保育所等で抱え込まず、相談機関につなぎの支援を行うことで、保育所等を含めた地域の人々で孤立した保護者を包み込むような環境をつくることを可能にします。

④支援の循環

地域の住民や仲間、専門職に子育てを支えられた経験のある保護者のなかには、やがて自身が地域の子育て課題に目を向けるようになり、子育て中の家庭に何らかの支援ができないかといった意識をもちはじめるようになる人もいます。このよう

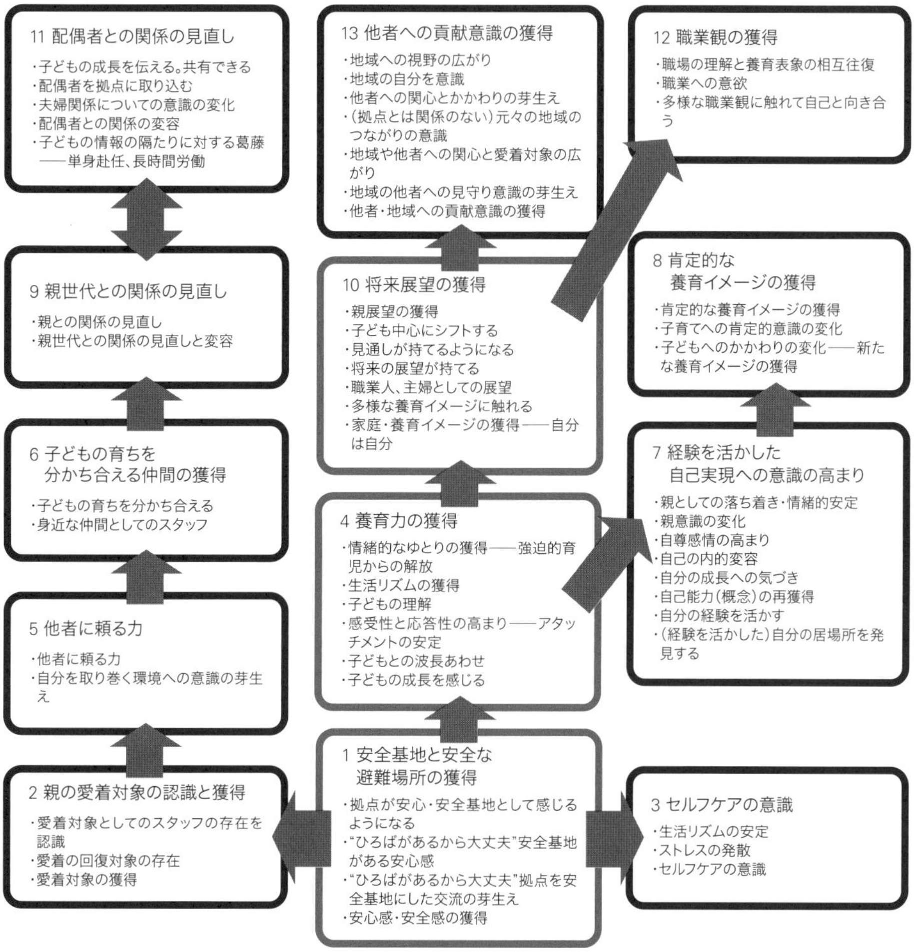

■図2-1 「親としての成長」概念図

出典：NPO法人子育てひろば全国連絡協議会「地域子育て支援拠点の寄り添い型支援が親の成長を促すプロセス分析と支援者の役割に関する調査研究報告レポート」p.12（平成30年度子ども・子育て支援推進調査研究事業）

に、保育所等地域の子育て支援の場で支えられる体験を通して、保護者が支える側に回るという自然な循環が起きる可能性があります。その意味では、地域における子育て家庭支援は、将来の子育て支援にかかわる人材の発掘や育成の機会になると考えることができます（図2-1）。

3　支援を必要とする子育て家庭への支援

3-1　保護者との関係構築に向けて

①対応に配慮が必要な相談

2021（令和3）年度「保育所等における子育て支援の在り方に関する研究会報告書」では、保護者からの相談の頻度と対応の困難度について保育者に質問をしていますが、子どもの相談では、「子ども同士のトラブル」（頻度：46.8％、困難度：56.3％、以下同じ並び）、「落ち着きがない」（51.1％、52.2％）、「言葉が遅い」（50.1％、51.8％）は、保育士の対応の負担が大きいことが窺（うかが）えます。また、「苦情・要望」（14.0％、46.0％）は、頻度は高くないものの困難度が高く、相談があった場合に備えて日頃から保育所内で対応に備えておく必要があります。

保護者自身の相談では、「育児に関する精神的ストレス」（34.8％、42.7％）は、ほかの項目と比較すると頻度、困難度とも高い傾向にあり、慎重な対応を要する相談といえます。また、「子どもが好きになれない」（3.3％、42.0％）、「子どもは欲しくなかった」（0.8％、40.2％）も、頻度は低いものの困難度は高く、相談があった場合には慎重な寄り添いの支援が必要とされます。保護者が「子どもが好きになれない」と訴える背景には、悩みを打ち明ける相手の不在、家庭内のストレス、自身の育ちなど、現代社会の問題や本人の生活問題が複雑に絡み合っています。

②ニーズに対応した支援を

コロナ禍において、話がしたい、つながりたいといった保護者のニーズは高まっていると考えるべきでしょう。感染への不安をもつ保護者、子どもとの関係でストレスを高めている保護者もいますが、彼らもつながりを欲しているはずです。保育者はコロナ禍の保護者の状況を捉え、刻々と変化するニーズを把握し続けているでしょう。言葉にならない保護者の思いを感知し、情報として職員間で共有し、保護者支援に結びつける工夫もなされているはずです。

保育を通した保護者支援は、個別の相談対応だけでなく、保育参加による保育と子どもの理解の促進、保護者同士のつながり支援など、多くの方法が考えられます。保護者支援のあり方を職員間で共有する必要性は高まっているといえます。

③ソーシャルワークの視点

特に配慮が必要な保護者への支援には、ソーシャルワークの視点を取り入れる必要があります。相談内容は子どもの育ちや親子の関係が中心となりますが、保護者の孤立、育児負担感や疲労感、保育者や保護者との関係の悩みなど多岐にわたります。ソーシャルワークは、相談を個人の問題とせず、本人を取り巻く生活で起きている「社会的な問題」として、保護者の置かれた育児環境を全体的に捉えようとします。

保護者支援に取り入れるソーシャルワークの考え方（原理）としては、「人権擁護」「主体性尊重」「可能性尊重」「生活の全体性尊重」「地域生活の尊重」「参加と連帯」が挙げられます。これらのソーシャルワークの原理は保護者と信頼構築する際にも有効な考え方となります。

3-2　養育に困難を抱える家庭への支援

ここ数年、虐待ケースと認識されたうえで保育所等を利用している子どもの死亡事件が続いています。児童虐待による死亡事例の検証結果（第17次報告）によれば、心中以外の虐待死事例（56例）のうち、保育所を利用していたケースが数例含まれています。これらの保育所は、危機感を抱き親子の様子を観察し、関係機関と情報共有しながらも子どもの命を救えませんでした。今後は、保育所等における虐待対応の実態を注視し、期待される役割を検討・検証する必要があります。

保育所は、0～5歳（卒園時6歳）の子どもが日常生活を送る児童福祉施設です。子どもの生命の保障、健全な成長と発達保障とともに、保護者の就労保障や養育支援等の役割を担っています。子どもの福祉と親（家庭）の福祉は併存すべきなのですが、保育者がジレンマを抱くような二律背反に陥ることがあります。

保育者は、毎日の子どもの様子から「あれ？」と気づく瞬間があります。子どもの傷、痣、不衛生さ、癇癪（かんしゃく）、言動、親の様子などからとなりますが、保育を通して丁寧にかかわることで、子どもの不穏な状態が落ち着くと、見えていたもの（可視）が見えなくなります（不可視）。安心と安全が保障され、楽しさや喜びを重ねる保育現場であるからこそ「不可視化」は起こりやすいと考えるべきでしょう。

しかし、保育を通して丁寧にケアすることで気になることが見えなくなっても、不適切な養育環境までもが好転するケースはむしろ少ないといえます。不適切な養育（環境）を可視化するためには、「あれ？」という気づきの大小にかかわらず、気になることを同僚と共有し、子どもの様子やほかの情報と照合し、検証する作業が必要です。

①保育所における虐待対応の意識

堀・西舘（2014）は、保育所保育士（以下、保育士）および幼稚園教諭（以下、教諭）を対象に質問紙調査を行い、その結果、保育士と教諭のほとんどが、「いくら虐待を受けても、決して自分の親が加害者であることを話さない子どもが多い」「きょうだいの中で一人だけが虐待される場合がある」「乳児期から虐待されている子どもは、知能や言葉に遅れが目立つことがある」などについて認識していることを明らかにしています。一方で、「虐待されている子どもの特徴として、むし歯や折れた歯が多い」は保育士、教諭ともにおおよそ半数の認識に留まっており、ネグレクトは保育士、教諭の約半数が、身体的虐待は約4割が、それぞれ保育を経験しています。ケース対応では、行政機関と連絡をとったことがある者は2割前後に留まり、自分の行為が虐待ではないかと保護者から相談を受けた経験がある者は1割程度となっています。虐待の判断については、9割を超える保育士、教諭が難しさを感じており、親子の引き離しについては保育士の3割以上、教諭の半数近くが抵抗を感じています。

多くの保育士、教諭は、虐待全般に関する知識はもちながらも、虐待が疑われる子どもを保育した経験のある者は半数程度で、虐待かどうかの判断は多くの保育士、教諭が難しさを感じており、親子の分離に抵抗を感じる保育士、教諭がいることも明らかとなっています。

②養育等の課題を捉える視点と技術

鶴ら（2018）は、保育士は相談援助に関する知識や技術に加えて、保護者の抱えるさまざまな生活困難を見定めた対応が求められるとし、児童虐待予防の観点では、日々の子どもや保護者の姿から生活課題やニーズを捉える視点や技術が必要と述べ、アンケート調査より保育士の捉える視点をまとめています。

保育士が捉える子どもの様子は、不衛生、食行動の変化、感情の起伏が激しくなる、不自然なケガが増える、意欲が低下する、攻撃的な行動が増える、子どもから家庭の深刻な状況を聞く、成長・発達が見られない、過剰に甘えるようになる、何らかの身体症状が現れる、保護者をかばう言動をとる、の11項目です。また、保護者の様子は、身だしなみが変化する、保育者との関係が不良である、必要経費の滞納が続く、送迎時の様子が変化する、身体的な不調が見られる、精神的な不調が見られる、忘れ物が増える、子どもを登園させなくなる、子どもへの暴言・暴力がある、不衛生である、保護者に傷や痣が頻繁に見られる、連絡帳の無記入が続く、子どもの養育に対して無関心である、ほかの保護者との関係が不良である、の14項目となっています。

日常的な保育場面の特徴を活かしながら生活困難を把握する視点をもち、それをチェックリストやリスクアセスメントに活かすことが期待されるところです。

③被虐待児の保育所利用（法律の根拠）

市町村は、就労の有無にかかわらず、子どもと家庭の福祉を優先し、児童福祉法に基づき保育所利用を勧奨することができます。生活保護などを受けている生活困窮世帯については、親に就労を促す目的で保育所利用が活用されます。保育所では、要支援・要保護家庭への支援を目的とした利用が法により勧奨されている一方で、就労等をはじめとする親への支援を優先したために、子どものSOSを可視化できず、残念ながら子どもの命を救えなかったケースもあります。

子ども・子育て支援新制度における「保育の必要性」の事由の一つとして、「虐待やDVのおそれがあること」が挙げられています。

また児童福祉法では、第25条の8「福祉事務所長の採るべき措置」として、虐待が疑われる児童、保護者及び妊産婦について、保育の利用等（助産の実施、母子保護の実施または保育の利用など）が適当と認める者は、保育の利用等に係る都道府県または市町村の長に報告し、または通知することを定められています。

さらに児童福祉法第26条では、通告を受けた児童に対して「児童相談所長の採るべき措置」として、「保育の利用等が適当であると認める者は、これをそれぞれその保育の利用等に係る都道府県又は市町村の長に報告し、又は通知すること」と定めており、通告を受けた児童の在宅支援（措置）の一つとして保育所等利用の勧奨が法により規定されています。

筆者の実感として、法の規定により利用勧奨を受ける保護者の保育所利用は増えています。市町村の虐待等対応課にとって、子どもの所属先が明らかになることは、「見守り」の点で保育所が有用です。しかし、こういったケースで、市町村から保育所への情報伝達の明確な規定はなく、事態が把握されないままに保育提供されていることも少なくありません。入所以来欠席が続き、心配した保育所が市に問い合わせて、ようやく虐待対応ケースと判明したこともあります。

児童福祉法第18条の4では「児童の保育及び児童の保護者に対する保育に関する指導を行う」ことが保育士の業務として規定されていますし、保育所保育指針には、「保護者に不適切な養育等が疑われる場合には、市町村や関係機関と連携し、要保護児童対策地域協議会で検討するなど適切な対応を図ること。また、虐待が疑われる場合には、速やかに市町村又は児童相談所に通告し、適切な対応を図ること」と明示されています。

これらの規定によって、行政の保育担当者から「保護者指導は子どもが所属する保育所の役割」と告げられ、深夜まで保護者の迎えを待つように指示される、家庭の安否確認と訪問支援を指示されるなど、保育に支障が生じる事態も今や珍しいことではありません。虐待など、不適切な養育の家庭を受け入れる場合は、受け入れに際し、市町村等関係機関と十分な情報の共有を行い、保育所保育の役割と限界をある程度明確にしておくべきでしょう。

④保育所における親支援の困難

虐待が疑われる保護者は、その時点で防衛的であり、保育士との安定した二者関係が取りにくい状態です。響・大河原（2014）は、「泣きに対する情動調律の困難の連鎖」を取り上げ、母親が自身の負の情動・身体感覚を承認できない状態に陥りやすいと説明しています。また木本・岡本（2007）は、被虐待体験をもつ母親は、親とのネガティブなエピソードを繰り返し語り、ポジティブなエピソードは「ない」と答えるなど、防衛機制による記憶の抑圧が生じている可能性を指摘しています。

子どもへの不平不満、苦情、自己弁護の多弁さ、保育士への攻撃的言動、無視（無言）、登園拒否、あるいは、保育所は子どもを甘やかしている、預けてから落ち着かなくなった、わがままになったなど、保育を通して子どもの愛着行動の回復を目指す保育士のかかわりをマイナスに受け止め、やめさせようとする保護者もいます。その都度、保育士は、保育の目的や子の成長について丁寧に説明し、担任、主任、園長らがチームとなって役割を分担しつつ、一人ひとりの親に個別対応することも少なくありません（倉石,2018）。しかし、保護者が抱える養育困難の背景には、経済的困窮、自身の発達特性や知的な遅れ、精神疾患等を抱えているケースもあり、子どもの保育とは異なり保育士の対応だけでは限界があることも事実です。保護者支援にエネルギーをとられ、親からの攻撃に晒（さら）された結果、心身に不調を来す保育士も決して少なくなく、近年の離職要因の一つにもなっています。

⑤通告の課題

通告義務について、保育士は、「良く知っている」「大体知っている」を合わせて98.1％と高い認識を示しています（中津,2015）。一方、虐待を発見した場合に「必ず通告する」は41.8％、「場合によっては通告する」は53.3％であり（西原・原田・山口・張,2008）、ケースにより通告に迷いや不安を抱く保育士が一定数いることが明らかとなっています。虐待かどうかの見極めが難しいことに加え、通告により、保護者との間で長期にわたる対立を生じさせるリスクを保育士は背負っているといえます。

疑わしい事案すべてを通告する重要性は理解できるものの、子どもと保護者との信頼関係をベースに保育を提供している保育士にとって、必要性を丁寧に保護者に伝えたとしても、信頼関係を損ねる通告に躊躇（ちゅうちょ）が生まれるのは必然ともいえます。

通告に伴うさまざまな困難を軽減するために、保育所は的確なリスクアセスメントができるようになる必要がありますし、児童相談所をはじめとする通告先には、通告に際して、通告後に予測される関係機関の対応、保育所等で行うべき対応などについて具体的に話し合う必要もあるでしょう。

3-3 おわりに

児童福祉法の改正に伴い、保育サービスをはじめとする子育て支援事業の計画的な整備が市区町村に求められるようになりました。市区町村は、支援の必要性の高い子育て家庭について、サービスの利用勧奨を行うなど、市区町村の責任を明確にし、一時預かりの拡充、要支援児童の積極的な受け入れを求めるなど、保育の多機能化が求められることとなります。

保育の多機能化の流れのなかで、子育てに困難を抱える家庭を受け入れるために、保育所等はこれまでの経験値を結集し、保育所であるからこそできる子育て家庭支援を、地域の実情に合わせて展開する拠点としての役割が期待されているといえるでしょう。

参考文献

- 饗江吏子・大河原美以「母親が乳幼児の負情動表出を受け入れられないのはなぜか？――「泣き」に対する認知と授乳をめぐる愛着システム不全の影響」『東京学芸大学紀要．総合教育科学系』第65巻第1号、pp.97-108、2014年
- 堀真衣子・西館有沙「児童虐待に関する保育所保育士および幼稚園教諭の認識」『とやま発達福祉学年報』第5巻、pp.25-30、2014年
- 笠原正洋「保育所保育士を対象にした児童虐待防止での専門職連携実践に関する短期研修が通告の抵抗感に及ぼす効果」『中村学園大学発達支援センター研究紀要』第9号、pp.19-24、2018年
- 加藤曜子「保育所におけるリスクアセスメント指標利用の意義――地域の児童虐待防止ネットワーク・在宅アセスメントの発展にむけて」『流通科学大学論集 人間・社会・自然編』第15巻第3号、pp.33-43、2003年
- 木本美際・岡本祐子「母親の被養育経験が子どもへの養育態度に及ぼす影響」『広島大学心理学研究』第7号、pp.208-225、2007年
- 子育てひろば全国連絡協議会「地域子育て支援拠点の寄り添い型支援が親の成長を促すプロセス分析と支援者の役割に関する調査研究 報告レポート」（平成30年度子ども・子育て支援推進調査研究事業）
- 厚生労働省「第40回 社会保障審議会児童部会社会的養育専門委員会 報告書案」2021年
- 厚生労働省「子ども虐待による死亡事例等の検証結果について（第17次報告）」社会保障審議会児童部会児童虐待等要保護事例の検証に関する専門委員会、2021年
- 倉石哲也『保育現場の子ども虐待対応マニュアル――予防から発見・通告・支援のシステムづくり』中央法規出版、2018年
- 中津郁子「児童虐待予防に関する保育士への意識調査」『鳴門教育大学研究紀要』第30巻、pp.33-40、2015年
- 西原尚之・原田直樹・山口のり子・張世哲「子ども虐待防止にむけた保育所、学校等の役割と課題」『福岡県立大学人間社会学部紀要』第17巻第1号、pp.45-58、2008年
- 鈴宮寛子・前坂機江・古屋好美・鈴木俊彦・川島ひろ子「医療・保健連携による養育支援を必要とする母親への早期介入及び虐待予防」地域保健総合推進事業全国保健所長会協力事業
- 鶴宏史・中谷奈津子・関川芳孝「保育者が親子の生活課題を捉える視点――保育者の自由記述分析」『学校教育センター年報』第3号、pp.71-75、2018年

子育て家庭への さまざまな取り組み

① ICTの活用

CASE 1　ICTの活用／ 風の子保育園（千葉県）

CASE 2　ICTの活用／ 京都教育大学附属幼稚園（京都府）

ICTの活用

日々の保育の写真、コメントをドキュメンテーション風に工夫し、研修に活かす

千葉県市原市

「風の子保育園」

風の子保育園は、2018（平成30）年に、公立保育園の代替施設として開園しました。
緑豊かな環境に恵まれ、園では常に土や草花、生き物に触れて過ごすことができます。
園庭は土で裸足になっても心地がよく、全身で自然を感じることで五感を養い、
豊かな感性を育み、自然界のできごとを「なぜだろう」と疑問に思い、
心を動かされながら過ごしています。
子どもたちが安心して自分らしく過ごすことを大切にしているため、
一人ひとりの心に丁寧に寄り添い、ありのままの姿を受け入れるようにしています。
心が満たされ、安定して過ごすことのできている子どもたちは、
やりたいことを自ら見つけて、仲間とともに考えたり試したりすることに
目を輝かせています。

保育園での子どもの姿を伝える

2018（平成30）年の開園と同時に、本園はICTシステムを導入しました。それまでは紙の連絡帳を取り入れようと考えていましたが、スマートフォンを一人1台持つことが当たり前となった頃であり、ICTはこれからの保護者にとっても利用しやすいものではないかという結論に至り、導入しました。

開園当初は私たちに使いこなすゆとりがなかったため、登園と降園の打刻と0～2歳児の個人連絡帳から始めました。

本園は公立保育園の閉園に伴う代替施設として開園したため、公立保育園の保育方針との違いに違和感をもつ保護者もいました。保育の様子を手紙やボードで伝えていましたが、伝わりにくかったようです。子どもたちも、集団での転園という大きな環境の変化からなかなか落ち着かない様子で、当初はけんかやケガなども多く、戸惑う姿が見られました。

そのような子どもたちの姿が心配になった保護者からは、「保育園でどう過ごしているのかわからない」「ただ遊んでいるだけなのではないか」という意見もあり、遊びのなかに学びがあるという、私たちの伝えたい芯の部分が伝わっていないことがわかりました。そこで、3～5歳児に関しても、子どもたちの様子を写真に簡単なコメントを添えて配信していくようにしました。

毎日の保育を配信

◉ドキュメンテーションを始める

開園2年目より、導入しているICTの機能を使って、毎日保育の様子を写真付きで保護者に配信することにしました。スタートするにあたって、単に楽しかったことを載せるのではなく、保育の様子を一つのテーマに絞り、保育に対する園の思いが伝わるように配信するということを保育者同士の共通理解としました。しかし、実際にスタートし

てみると、保育者による文章表現やどの場面を切り取るか、という視点において差が見られるようになりました。

また、お互いにほかのクラスの配信を見合う機会がなかったため、3年目からは外部講師の方を呼んで、ドキュメンテーションの園内研修を取り入れることになりました。毎月、各クラスの担当月を決め、「今月の一押しドキュメンテーション」というテーマで発表してもらいました。講師に「こういうことを保護者に配信するといいよね」「これってすごいことだよね。できるようになったことではなく、やろうとしていることを保護者とともに喜び合いたいよね」など、実際の子どもたちの様子から細かいアドバイスをいただき、学び合う機会を定期的に設けました。

現在、ドキュメンテーションを取り入れて4年目となりますが、保育者たちが、保育のなかで大切にしていきたいことを保護者に配信できるようになってきていると感じます。

園と保護者がともに子どもの成長を見守る

送迎に慌ただしい保護者にとっては、壁新聞よりもICTを使ったドキュメンテーションのほうが、「時間のあるときに自宅でゆっくり見られる」「欲しい写真はそのまま保存できる」と配信を楽しみにしてくれるようになりました。また、お迎えに来る頃までにその日

の配信を見て、「今日はこんなことをして遊んだんだね」と子どもに話しかけたり、「今までは、子どもが家に帰ってから園での様子を話してくれても、子どもの話が理解しにくかったけど、配信を見ることで親子の会話が広がった」という感想を寄せたりしてくれるようになりました。また、子どもの姿を知ることで子どもの疑問を一緒に調べてきてくれたり、遊びに必要な物を持ってきてくれたりするなど、保護者が保育に参加する姿も見られるようになりました。

現在は開園して5年目となり、当時1歳だった子どもも5歳となりました。保護者も5年目となり、今ではドキュメンテーションに対して「いいね！」(のマーク)だけでなく、コメントもくれるようになりました。2～5歳児はクラス投

稿なので、保護者のコメントをほかの保護者も閲覧できるのですが、コメントに対してまたほかの保護者がコメントをするなど、園と保護者が一体となって、子どもの成長を見守っているという成果を感じています。

いかにICTを質的な向上に結びつけるか

私たちが保育のなかで大切にしているのは「遊びを通して学ぶ」ことです。しかし、それは言葉で伝えることが大変難しいです。保護者に理解してもらいにくいことも多かったのですが、このように具体的に写真と文章で可視化することで、少しずつですが園の保育理念を保護者に理解してもらえるようになってきたと感じます。

ICTというのは一つのツールであり、単に導入すれば保護者支援につながるというものではありません。保育の質的向上に結びつけるために、保育者たちが園内研修を通して学び合ってきたこと、毎日保護者にドキュメンテーションを配信し続けたことが実を結んだようにも思います。

また、ICTを活かした研修は、日々撮りためた写真や動画のなかから選ぶため、研修のための準備は必要なく、文章や言葉だけのものよりも、イメージがはっきりとして正確に伝えられるようになりました。また、研修担当は、テーマを意識して写真や動画を撮り、研修時には状況説明をしていくため、子どもの姿を深く考察するようになっていきました。発表し合うことで、子どもへの理解や観察力も深まったように思います。

また、外部講師の視点で園の保育の様子を動画に撮影してもらい、さらに深く掘り下げてコメントをもらうことで、とてもわかりやすくなり、いただいたアドバイスをすぐに保育に取り入れていく様子がみられました。保育理解が深まり、子どもについて保育者間で共有できるようになったことで、園全体のスキルアップを図ることができてきたように思います。

今後の展望・課題

保育者の入れ替わりで、新しい保育者が保育を深く理解していくのには時

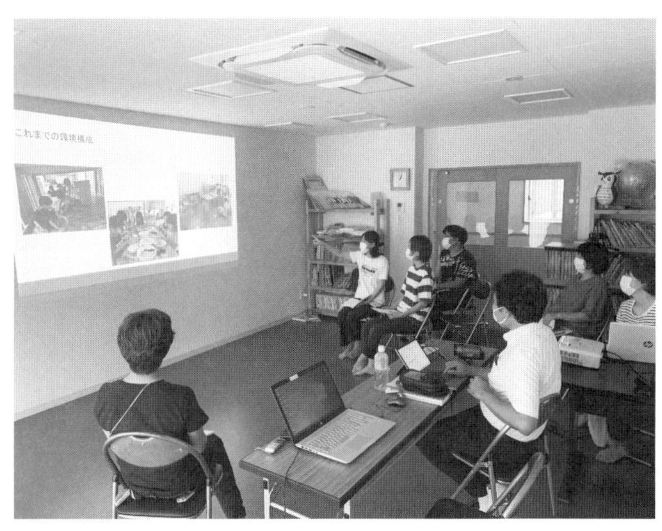

間が必要となります。そのため、学べる機会は常にもち続けたいと思っています。

今後は、保育の質の向上のため、身近でわかりやすい園内研修を充実させていきたいと思います。また、今後は、日々のドキュメンテーションだけでなく、懇談会や入園説明会にもICTを活用することを考えています。■

社会福祉法人風の森　風の子保育園
定員:99名
併設事業:子育て支援センター

「ザリガニの命を通して学んだこと」

2022/5/19（木）

ゴールデンウィーク明け、9匹のザリガニがやってきたことを伝えたと思うのですが…実はすぐにすべて死んでしまいました。さらに、死んでしまっただけでなく、子どもたちは死んだザリガニのことを知らんぷり。4日も放置され、とてつもない悪臭が発生しました。「くさすぎる」と、みんなが顔をしかめるほど。悲しいですね。

みんなの時間では、「生き物を飼うときは、"責任"をもってほしい」と、じっくり話をしました。「ちょっと難しい言葉だけど、かぜぐみだから伝えるね」と。そして、今週また4匹のザリガニがやってきました。飼う前に1度話し合いです。保育者「この前のことがあったから心配、ザリガニどうする？」H「じしん（責任のこと）をもって飼う」Y「触りすぎちゃダメ死んじゃうから」A「もうこのザリガニが死んだら次は飼っちゃダメ」H「そうだよもう2回目だもん」結論、やっぱり飼いたいから責任をもって大事に飼うとのこと。言葉は頼もしいけど、なかなか行動に移せないのがこの子たちの弱い部分。まだまだ不安です。

しかし、昨日から、丁寧に掃除をしたり餌をあげたりする姿が。そしてなんといっても、今までのように激しくザリガニを扱っていません。「触りすぎちゃダメ」という声が聞こえてきて、そーっと観察しています。去年から、もう何回目なのかわからないほど積み重ねてきた、生き物についての話し合い。ついに、行動が伴ってきました！今まで犠牲になってきた生き物たちの命が、ようやく少しずつ報われそうです。涙

5歳児保育者

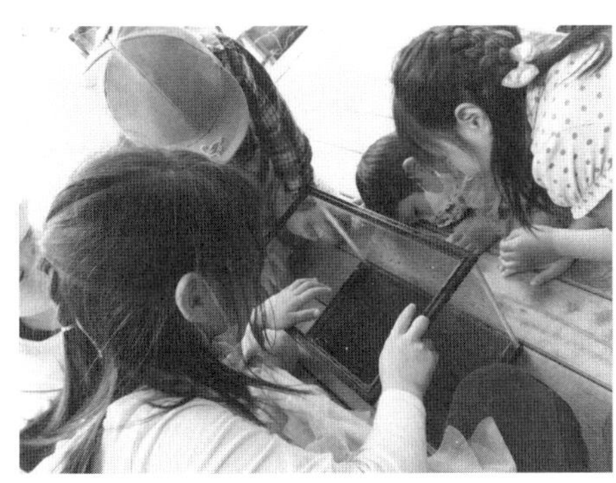

いつも大事な教育ありがとうございます！「生き物を飼う責任」の話し合いをして行動が変わる風組さんは、さすがですね！うちでも子どもにザリガニを死なせちゃダメだよって話してみます！そして、私も気になるので、これから保育園への送りのときは、ザリガニの生存確認をしていこうと思います！頑張れザリガニ

3つ子のパパ　2022/05/19 20:31

ICTの活用　保護者支援

ICTの活用による保護者支援
——園と家庭をつなぐICT活用

京都府京都市

「京都教育大学附属幼稚園」

本園がICTを活用しはじめて3年が経ちました。きっかけは、
GIGAスクール構想や新型コロナウイルス感染症の流行による、
保育の保障として家庭に向けて行ったYouTube配信でした（表3-2-1）。
ICTを活用するにあたり、得意な保育者も苦手な保育者もお互い教え合い、
学び合いながら始めました。
ICTを活用していくうちに、便利なツールを見つけ、
それまで紙媒体で行っていた健康観察を、
Googleフォームを利用して健康情報を集約することに取り組みはじめました。
そして現在では、既成アプリではなく、キントーンをベースに、
自園に必要な内容を精査したうえで、独自に「連絡帳アプリ」を作成し、
健康観察以外の情報共有も含めて活用しています（表3-2-2）。

■表3-2-1　YouTube配信内容

・簡単な室内遊び	・園歌
・クイズ	・クッキング
・体操	・生き物紹介
・園内風景	・園内探検
・教員紹介	

■表3-2-2　連絡帳アプリの内容

〈アプリ項目〉	＜掲示板＞	＜教員業務整理の内容＞
・健康観察	・各学年掲示板	・行事予定
・行事予定＆おたより	・保健室掲示板	・保健室来室状況
・お知らせ確認（緊急連絡）	・育友会掲示板（保護者のみ）	・個人記録（支援記録）
・発育の記録		
・けんこうぼ（健康診断結果）		

連絡帳アプリの活用例

◉健康観察

基本的な健康観察の入力以外に、普段の子どもの様子など保護者が伝えたいことや園に連絡したいことをコメント欄として内容に盛り込みました。

健康観察は、朝、家庭で入力してもらうことで、登園前に子どもの健康状態や保護者からの連絡事項を知ることができます。そのほか、コメント欄を通して、保育者と直接やりとりをすることにより、育児の悩みや子どもの育ちを伝える機会にもなっています（表3-2-3）。

「ICTが苦手な保護者に対する対応」

■表3-2-3　ICTを活用した健康観察の長所と短所

	長所	短所
ICTを活用した健康観察	・登園前に欠席や子どもの健康状態を知ることができる ・保護者が毎日の子どもの健康を意識して生活することにつながる （子どもの変化を見逃さない、観察の目をもつことができる） ・スマートフォンさえあれば、どこからでも入力できる ・子どもの姿や育児を記録することで、保護者自身の育児の振り返りにつながる ・連絡手段としても活用、家庭での子どもの姿や育ちを保育者と共有できることで保護者の安心感につながる ・家族間で情報共有できる（写真などが多く掲載できるアプリを通して、子どもの姿を家族で共有できる）	・誤入力をすることがあり、それに保護者が気づけない ・ICT機器が苦手な人には扱いにくい ・情報漏洩につながる危険もゼロではない ・朝の忙しい時間に健康観察を記入しなければならないので、子どもの姿を書くことができないときがある

としては、説明会や個別対応など丁寧に対応をすることで、問題なく実施できました。また、健康観察の未入力や、気になるコメントを記入していた保護者に対しては、保育開始前に保育者間で情報を共有することで、登園時に声をかけ、確認することができました。

◉連絡帳アプリのオンライン掲示板について

各学年の掲示板では、その日の保育の様子やその子どもの姿を支える保育者の意図など、写真に文字を添えることにより、遊びの意味や子どもの発達について保護者に理解してもらえるようにしました。この掲示板は、参観が行えないコロナ禍において、園と保護者をつなぐ有効なツールとなりました（表3-2-4）。

また、保健室掲示板では、養護教諭の視点から、親子で取り組みやすい「健康な生活」や「調理」「栽培」などの視点を盛り込みました。園で栽培している野菜の生長を継続して配信したり、園で子どもとともに見つけた“不思議”をクイズ形式で配信したりすることで、親子でともに「見る」きっかけとなり、「体験する」ことにつながるのではないかと考えました。

表3-2-4　保健室掲示板の内容

・子どもが興味をもった生き物や植物とかかわる様子 ・生き物・植物クイズ ・園で育てている野菜の生長 ・収穫した野菜の料理レシピ ・親子クッキングレシピ

掲示板は園側からの発信手段となり、園の環境や子どもの様子をタイムリーに保護者に伝え、また、子どもと保護者の生活、家庭と園をつなげるツールとして、家庭教育や子育て支援になると考えています。

ICTを活用した連絡帳アプリやオンライン掲示板を使用することで、保護者の悩みや不安の理解、また、保護者の興味を広げたり、子どもの思いに寄り添ったりすることの大切さを感じ、子どもとのかかわりが変化するきっかけとなりました。また、保護者の自己発揮の場を設けることで、保護者同士のつながりをつくることにもつながりました。

長期欠席幼児に対する保育の保障

病気やケガで長期欠席を余儀なくされた子ども（S児）の保育保障のために、オンラインで交流することにしました。

オンライン交流を計画していくうえで、保護者の希望と、保育者が考える交流の時間や内容が一致しないこともありました。そのため、事前にその日の保育内容を伝え、保護者と相談のうえで実施するかを決め、保護者のサポートを得られるようにしました。なるべく継続してオンライン交流ができるように、S児が「その場にいること」「友だちとつながること」を楽しむという視点で考えることで、無理なく継続す

◉保護者の興味を広げる

エピソード1 「梅ジュースつくったよ！」

園庭の梅の木にたくさんの梅の実ができました。本物の梅ジュースを子どもたちに飲ませてあげたいと思い、「みんなで美味しい梅ジュースをつくろう！梅の実を拾ったら先生のところに持ってきてくれる？」と声をかけると、その日からせっせと梅の実を運ぶ子どもたち。ある程度の実が集まり、興味をもった子どもたちと一緒に梅シロップをつくりました。

梅シロップを漬ける過程を保健室のオンライン掲示板に掲載したり、梅ジュースにするためのシロップを玄関前に展示したりすることで、親子で興味をもつ姿がありました。毎日変化していく梅シロップを子どもと一緒に見た保護者からは、「どうやってつくるんですか？」「家でもやってみます」という声が聞こえてきました。

そして、連絡帳アプリのコメント欄に、親子で梅シロップづくりにチャレンジしたことが書き込まれました。

【保護者Aのコメント欄より】

幼稚園でつくられていた梅シロップを参考に、夏休み前に自宅で仕込んだシロップができました。初めてだったので少し不安でしたが、家で甘酸っぱい梅シロップにして飲むことができ、良い思い出となりました。

【その後の保護者とのやりとり】

書き込みのあった日、保護者に声をかけると「子どもはちょっと酸っぱいと言いながら飲んでいました。園での取り組みがきっかけでやってみようと思えたので、良い機会をありがとうございました」と話されました。

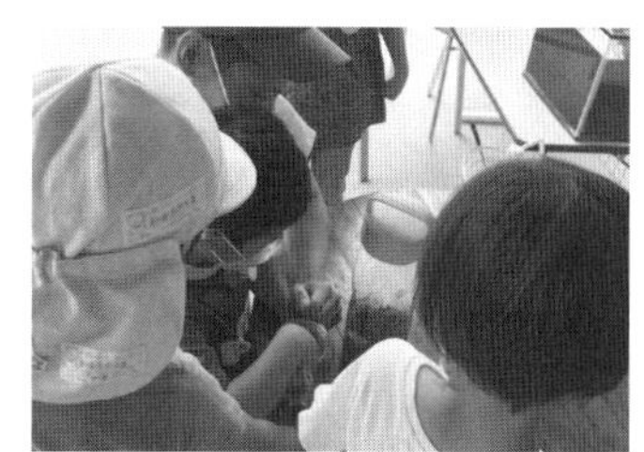

◉子どもの興味に寄り添うことの大切さを感じる

エピソード2　「やってみたい！」

みんなでポップコーンパーティーをするために、とうもろこし（ポップコーン）の栽培をすることにしました。芽や根が伸びる様子を見ることができるように、綿で種のベッドをつくり、栽培を始めました。4歳の子どもたちと一人一粒ずつ種を綿の上に寝かせ、発芽を楽しみに待つことにしました。ポップコーンのベッドはいつでも子どもたちの目につくように、玄関前のテーブルに置きました。また、ポップコーンの生長を毎日、保健室掲示板で知らせました。

【保健室掲示板より】

ポップコーンの種を綿のベッドに寝かせてから、6日目。

さらに芽？根？が伸びてきました。今日は少し芽？根？が出てきた種を植えてみました。

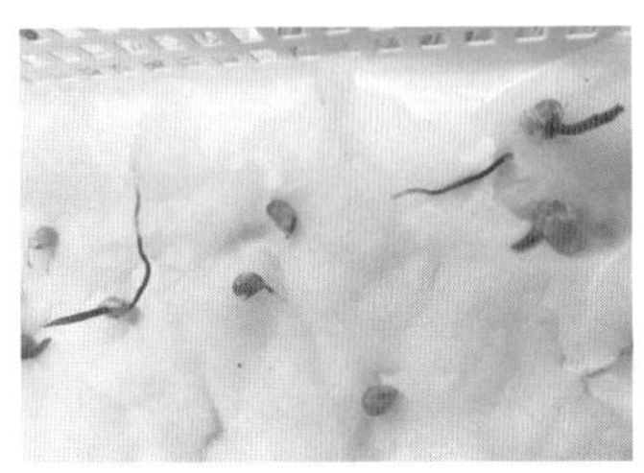

【幼稚園での親子の姿】

登園時に、玄関前のとうもろこしを見て「あっ！なんかヒゲみたいの出てきてる」と親子で見る姿もありました。

【保護者Bのコメント欄より】

ポップコーン家族のようにスイカ家族も芽が出るかやってみるそうです。

【その後の保護者とのやり取り】

後日、連絡帳のコメントについて保護者Bに声をかけると…「スイカを食べてたら、この種もポップコーンみたいにやったら芽が出るかな？と言い出して、やってみよう！ということになりました。本当は、スイカはもっと早く5月ぐらいに種まきしないとダメなんですよね。芽が出ないかもしれないけど、やってみます！」と話されていました。

◉保護者の自己発揮の場をつくる

エピソード3 「我が家のレシピ♪」

園で収穫した野菜を、『必ずおうちの人に好きな料理をつくってもらい、嫌いな野菜でも一口は食べてみる』ということを子どもたちと約束して持ち帰らせると、その野菜を使って親子で調理する姿が、連絡帳アプリのコメント欄に数多く書き込まれました。そのうち、「苦手な野菜もこのレシピなら自分から食べる！」というおすすめレシピも保護者から寄せられるようになりました。

ある日、いつも子育てに悩み、不安感の強い保護者Cから、料理のレシピが寄せられました。

【保護者Cのコメント欄より】

近所の方から、きゅうりとジャガイモも頂き、ちょっと変わったポテトサラダをつくり、園から持ち帰ったミニトマトを添えました。

・ジャガイモ・ニンジン・きゅうり・ちくわ・めんつゆ・マヨネーズ

ジャガイモとニンジンは茹でて冷まし、ジャガイモをつぶして調味料を入れ、味見をしながら混ぜます。本当は天かすを入れるとおいしいです!!

【幼稚園での保護者とのやりとり】

めんつゆに天かす！初めて聞くポテトサラダのレシピに興味をそそられ、保護者Cに「お母さんのレシピがとってもおいしそうなので、保健室掲示板で紹介させてもらってもいいですか？」と声をかけました。すると、「あんなレシピでいいんですか？」と不安な様子。「ポテトサラダに天かすを入れるなんて初めて聞きました！」と伝えると、「カロリーを考えるとちょっと心配なんですけど。おいしいんです。先生もやってみてください」と笑顔で話されていました。

【保健室掲示板より】

本日も…(^^)/おいしそうなポテトサラダのレシピを教えていただきました！　＊上記のレシピ掲載

めんつゆに天かす！初めて聞くポテトサラダのレシピに、興味をそそられました！

皆さんも一度つくってみてはいかがですか？

【その後の保護者とのやりとり】

保健室掲示板でレシピを紹介したことを伝えると、「先生、載せてくださったんですね。私のレシピでよかったんですかね…」と言いながらも嬉しそう。その後、保護者Cは収穫した野菜を持ち帰るたびに、おいしそうな写真とともにレシピを送ってくれました。ほかの保護者からは、「掲示板に載っていたレシピでポテトサラダをつくってみました！おいしかったです」などの声も聞かれました。

ることができました。

オンライン交流を実施するうえで難しいと感じた点は、iPadで撮影する人員の確保です。養護教諭や支援員の手を借りたり、iPadを三脚で固定したりすることで、なんとか実施することができました。

また、オンラインでの交流だけではなく、降園後の時間帯に親子で来園し、担任と直接かかわる機会をもったり、制作などの一斉活動の時間のみ登園したりするなど、個別対応によって安全を確保したうえでの交流の機会を設けたりもしました。

オンラインでの活動だけに頼るのではなく、園での活動も取り入れることで、長期欠席中で「ずっとお休みしているSくん」ではなく、いつも身近に友だちや保育者、園とのつながりを感じることのできる、保育の保障をすることができました。

ICTを活用した保護者支援の課題と展望

近年、子どもとどのように向き合い、かかわるべきかがわからず、迷いや不安を感じる保護者の姿が見られます。また、悩みを相談できる場がなく、SNSなどの子育て情報に翻弄されながら子育てをする保護者も増えてきました。

このような現状のなか、保護者の悩みや不安を受け止めつつ、実際の子どもの姿を通して、子育ての楽しみ、表には出さない子どもの思い、子どもの世界の面白さ、発達に応じたかかわり方などを発信していくことが、子育てを支援していく園の役割として大切になってきています。そこで、保護者と園がつながっていくことが重要となります。

近年、家庭への連絡方法として活用されはじめているICTですが、園からの発信のみならず、双方でやりとりができる"保護者コメント欄"をつくるなど、活用の仕方を見直すことで、有効な保護者支援となることが見えてきま

■ 表3-2-5　S児とのオンライン交流場面

- プレゼントの作成方法の説明
- 1日の遊びの振り返り場面
- ウサギの飼育についての話し合い
- 絵本の読み聞かせ
- グローバル交流活動
- 画面越しに一緒にお弁当を食べる
- 園内の様子を知らせる園内探検（栽培物の紹介・担任以外の教員との交流・他学年の保育室の様子や園庭散策）
- ニワトリの世話をする動物当番の友だちとのやりとり

エピソード4 「今日はzoomないの？」

【zoomでの交流】

クラスで父の日のプレゼントづくりをする場面（父の日のプレゼントづくりのハンカチの染め出し）をオンラインでつなぎました。数名の子どもが机に向かい保育者の話を聞く場面を、同じ目線でiPadを通して家庭で聞いています。K保育者「Sくんは、何色にする？何色が好き？きいろ？」S児「うーん…青かな？うーん。やっぱり、お父さんに聞いてから決める」と、画面越しに自分の思いも伝え、ほかの園児と一緒に、染め出しの方法を知ることができました。ほかの園児も、iPadに映るS児の姿を見つけると近寄り、「早く元気になってねー」「大丈夫？」と、画面に向かって手を振り交流する姿が見られました。

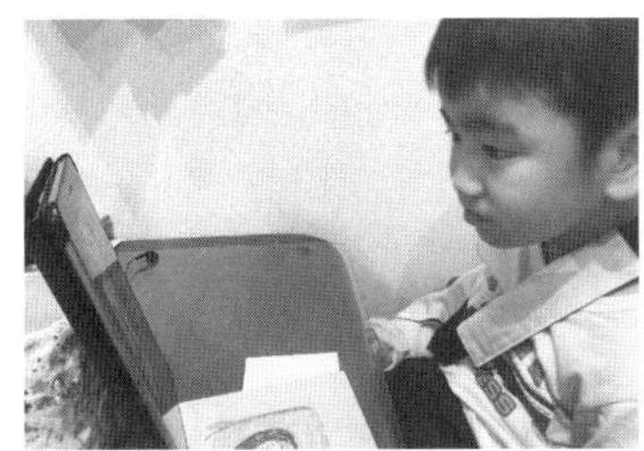

S児は、友だちからの声かけに最初は恥ずかしがっていましたが、zoomでの交流の回数を重ねることで、集いの時間などで意見を言う姿も見られるようになりました。次第に、オンラインでつながる保育の時間がS児にとって当たり前になり、「今日はzoomないの？」と尋ねることも増え、オンライン保育が行われない日にはとても残念そうにする姿が見られました。

【保護者Dのコメント欄】

今日はありがとうございました。いい時間でした。先ほども今日の感想を聞いたら、「楽しかった！次はいつ？」と満面の笑みでした。

【登園再開後の幼稚園での保護者とのやり取り】

「先生、お忙しいときにありがとうございました。家でずっと相手ができないときには、テレビに頼ってしまうこともあったので、決まった時間に園とつながることができたのは本当に助かりました。zoomは慣れてはいるのですが、やっぱり一人では操作できないこともあって」

「参観がなかなかできなかったので、私も一緒に参加させてもらうことで、普段の園での様子を感じることができました」

「みんながせっかく声をかけてくれているのに恥ずかしいみたいで…いつもはよくしゃべるのに。けど、zoomがあった日は機嫌がよくて、明日はある？と聞いてきました」

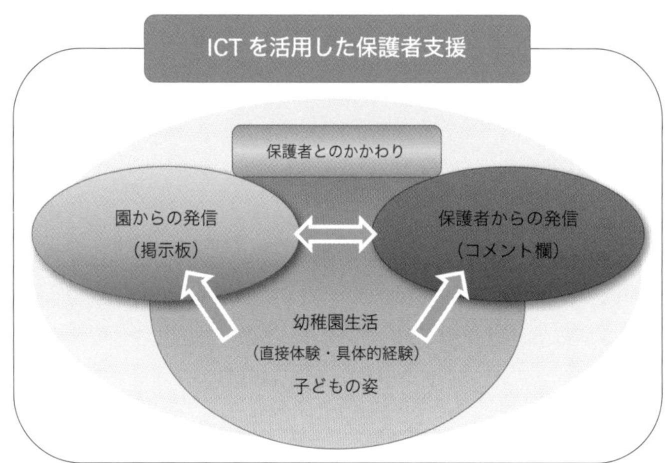

■図3-2-1　ICTを活用した保護者支援

した。例えば、ICTを通して親子で同じものを見ることが、親子でともにする具体的・直接的な体験へとつながり、子どもへのかかわり方の変化や、保護者自身の興味の広がりにつながりました。また、保護者の自己発揮の場として活用することで、保護者の自己肯定感を高めたり、保護者同士のつながりをつくったりすることができる可能性も見えてきました（図3-2-1）。今後も園での直接的なかかわりを大切にしつつ、ICTをうまく活用し、子育ての楽しみにつながるような保護者支援を行っていきたいと思います。

国立大学法人 京都教育大学附属幼稚園
定員:96名

【ICTを活用した、子育ての楽しみにつながる保護者支援のポイント】

○家庭での発見や気づきを大切にし、園に向けて発信できる連絡方法を用意する
○子どもの興味のある「もの」や「こと」に目を向けて知らせる
○親子でともに目を向けられるよう、園内の環境を整える
（園庭や玄関前など、親子で通る経路に見てほしいものを掲示する）
○保護者が家庭で実践しやすい内容（料理や栽培など）や、親子で興味をもって見ることができる内容に焦点を当てる
○強制ではなく各家庭のペースで行える内容にする
○保護者自身の発信を全体に伝える場をもつ（おたよりや掲示板など）

園生活と家庭生活をつなぐICTの活用

ICTの活用による子どもの姿と保育の共有

コロナ禍ということもあり、急速に保育現場におけるICTの活用が進んでいます。出欠席管理や健康観察、事務連絡等の情報ツールとしてだけでなく、保育内容や子どもの姿の共有にも活用が広がってきています。

紹介した2つの園のICTシステムで実践されている、ドキュメンテーション等による情報発信は、保護者が園生活の様子を知り、関心をもち、かかわろうとすることにつながっています。送り迎えで実際に見聞きすることも大切ですが、スマートフォンで繰り返し見たり、子どもと話しながら見たりすることで、これまでとは違った側面に気づいたり、かかわりの選択肢が増えたりすることもあるでしょう。

保育を参観する機会が減っている現在、子どもも保護者も育つ園づくりにおいて、ICTの活用は有効な手立てであることを教えてくれます。さらには、多様な子どもや家庭の事情に合わせて、保育を保障する取り組みにもつなげられています。

保育の質向上に対するICTの可能性

家庭への保育の発信は同時に、園が子どもの姿をどのように捉えているかという、子どもと保育に対する考え方や価値観を伝える機会にもなっています。その内容を共有して保育者同士が学び合い、自らの視点に改めて気づくことにつなげたり、新たな方策を考えたりすることも重要です。

ICTの活用によって情報集約や焦点化、アーカイブ化が容易になりますので、子どもの直接的・具体的体験を豊かにする園内研修の充実につなげることも可能です。子どもの直接的・具体的体験、園生活と家庭生活の情報の行き来やコミュニケーションを、今後さらに豊かにするツールとしてのICTの活用が期待されます。（古賀松香）

子育て家庭への
さまざまな取り組み
② 要支援家族へのかかわり

CASE 3 要支援・要保護へのかかわり／勝山保育園（山口県）

CASE 4 要支援・要保護へのかかわり／聖愛園・あすなろ（大阪府）

CASE 5 巡回相談／さいたま市巡回保育相談事業（埼玉県）

CASE 3

山口県下関市

社会福祉法人勝山園「勝山保育園」

虐待対応

愛着障害の子どもを「ケアワーク・保育」で支える

虐待などにより愛着障害がみられる子どもを、
保育所のかかわる範囲を少し広げて支援する勝山保育園。
具体的な事例を見ながら、保育所にできることを考えます。

保育所の特性を活かした子育て支援

本園には併設している地域子育て支援拠点（以下、子育て支援センター）があります。1994（平成6）年、国の「保育所地域子育てモデル事業」として開始し、翌年に正式に事業化されました。その頃、子育てによるストレスから「育児放棄（ネグレクト）」や「育児ノイローゼ」の親が増えたことが社会問題となっていました。その背景には少子化や核家族化、地域コミュニティの崩壊により子育て家庭の支え手が不足したことがあると考えられました。このような状況から保育所が支え手の役割を担うことになったのです。

では、なぜ保育所だったのでしょうか。それは保育所のもつ子育てに関する知識・技術のポテンシャルの高さにあると思います。保育所は、保育士・看護師・栄養士などの専門家集団であるとともに、乳児から就学前までの子育て（育児）のリアルモデルが常在しています。さらに小児科や歯科などの園医がいるため医療機関につなぎやすく、行政（家庭児童相談室・母子保健センターなど）とも容易に連携がとれます。このような特性は、子育て不安を抱える親子を支える大きな力になれると考えられたのです。

「ケアワーク・保育」で子育て家庭を支える

◉保育所に求められる役割の変化

保育所は、地域の子育て親子にとって日頃から目にする一番身近な施設ですが、これまであまりかかわることはありませんでした。それは保育所の目的が「保育を必要とする」子どもを預かる施設であり、必要としない子どもやその保護者は、ある意味部外者だったからです。

1999（平成11）年の保育所保育指針の改正で、初めて「子育て支援」という文言が明記されました。現在の指針の第4章「子育て支援」でも、入所児童の保護者同様に地域のなかの子育て親子をサポートすることが記載されています。保育の専門家として「子どもの視点」をどのように保護者に伝えていくことができるかが大切です。

その意味から「保育」を意識した『ケアワーク・保育』を活用した子育て支援が、これからの保育所の大きな役割です。ましてや日々の保育の目の前で子育て支援活動をしている併設型の子育て支援拠点などは、保育所のもつ専門性を活かさない手はありません。

そこで、「保育」の強みを活かした子育て支援とはどのような支援なのかを、本園の2つの事例を通して紹介します。

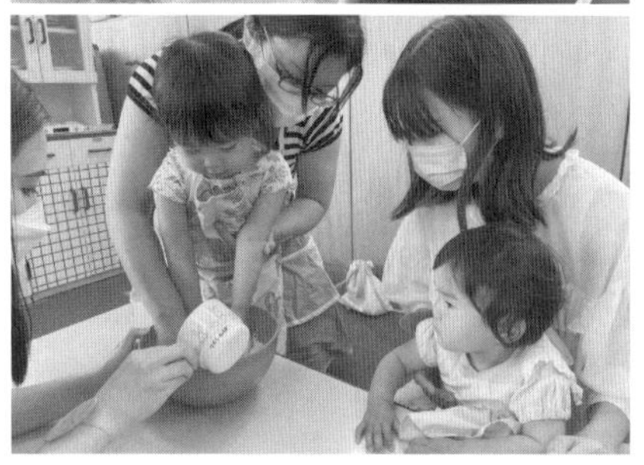

1例目は子育て支援センターの利用者、2例目は入所児童です。なお、事例を紹介するにあたり、個人の特定ができないよう筆者が加工（年齢・性別・数例の事例をミックスするなど）していることをご容赦ください。

ケース1：子育て支援センターの利用から

市の家庭児童相談室（以下、家児相）からの紹介で、子育て支援センターに遊びに来るようになった2歳の女児とその保護者。その後、本児は、本園に入所。園で本児および保護者をサポートした事例です。

◉遊びに来る際の様子から

要保護児童対策地域協議会の担当者から、本園の子育て支援センターに「気になる親子がいるので、地域での見守り強化に協力をしてほしい」との連絡がありました。担当者から「子育て支援センターに遊びに行くと友だちもできて気持ちが楽になるよ」と母親に勧めてもらい、後日、両親と本児の3人で遊びに来ました。母親は覇気がなくうつむきがち、父親も何となく不安そうな表情でした。本児は多動的で、保護者

○家族構成：父親、母親、本児、別居の祖母（母方）
○生育歴：母親は出産直後から育児ノイローゼとなり、適切な育児が難しかったため、心配した祖母が市の保健センターへ相談。保健センターから家児相、児童相談所（以下、児相）へ連絡し、母親のネグレクトの事例として対応することになりました。市の家児相が定期的（1か月に1回程度）に確認調査を行いましたが、母親とは連絡がとりにくかったため、父親が窓口となり、連絡がとれないときは祖母が対応しました。
○本児の気になる行動面：愛着障害による自傷行為、奇声、泣きわめく、部屋からの飛び出しなど

の声がなかなか届いていない感じがしました。

その後、母親と本児の２人で時々遊びに来るようになりました。センター長を中心にスタッフで話し合い、まずは特別扱いせずに様子を見守ることにしました。少しずつ母親と対話ができるようになり、「家での子育て、大変でしょう」と尋ねると、自身が朝起きられないことや子育ての大変さを訴えてきたので、その思いや気持ちを受け止め、とにかく母親とのつながりを切らさないように力を注ぎました。

◉入園後のかかわり

しばらくして母親から、就職のため本児を保育所に入所させたいという相談を受けました。すぐにセンター長から園長へ報告。本園は定員がいっぱいでしたが、これまでの経緯や状況を園長にも伝えていたため、市の保育担当課に相談し、親子の精神的負担を考慮したうえで本園への入所が決定しました。家児相に連絡したところ、今後は確実に親子をキャッチできると安堵されていました。

本児は2歳児として入所しましたが、母親が朝起きられないという状況は変わらず、仕事も園も休みがちで、登園は朝11時頃と決まっていました。そのため、本児は園での生活リズムがとりにくく、気に入らないことがあるときや思うようにならないときは、奇声を上げ、泣き叫び、故意に仰向けに倒れて頭を強打するという自傷行為を繰り返しました。

本児が不安定なときはケース会議で話し合い、チームとして本児の気持ちを受け止め、寄り添い、スキンシップを図るようにしました。落ち着いて日々の保育になじめるように、もう少し早く登園できないか、母親との話し合いを試みましたが、生活リズムは改善されず、落ち込む母親の姿が気になっていました。本児は、時々前日と同じ肌着のまま、数日間洗髪をしていないこともありました。

◉子どもと保護者の変化

3歳の途中頃まで同じような状態が続き、このままでは母親の自立も本児の自律も難しいと考えていたとき、母親が少しでも自己肯定感をもてるよう、ケース会議のなかで良い点やできている点を出し合いました。例えば、本児については「笑顔を見ると元気になる」「ケラケラ笑う声」「給食は毎回残さず完食する」などです。母親については「遅くなっても本児を登園させる」「3回に1回はお休みの連絡をしてくれる」「仕事をしたいと社会とつながろうとしている」などです。

出し合った後は、職員の本児および母親に対しての寄り添う気持ちが深まったように感じました。母親は結局仕事を辞めることになりましたが、市と相談し、要保護児童の支援という理由で「保育が必要」と判断してもらい、

保育の継続ができるようになりました。

本児が4歳になったとき、情緒面に変化が見られ、友だちとのトラブルが減るなど、行動面も少し安定してきました。担任が本児の成長ぶりを母親に伝えると、大変喜んでいました。この頃から母親の表情も少しずつ明るくなっていき、園とのコミュニケーションもとりやすくなったように思います。

母親が本児の就学について悩んでいることを話してくれた際に、「5歳児発達相談会」があることを伝え、親子で参加することもできました。子育て支援センターから本園に入所した後は、母親も本児もストレスなく安心して通うことができ、家児相や保健センターとも連携しながら対応ができたことはよかったと思います。

○家族構成：父親、本児、父親の妹（叔母）

○生育歴：本児が1歳6か月のときに父親と母親が離婚しました。父親と母親両者の面前ＤＶによる虐待として児童相談所（以下、児相）が介入し、本児を一時保護。その後、正式に離婚が成立し、親権は父親がもつことになりました。

母親とのかかわりがなくなり、虐待リスクがなくなったという判断で、父親はひとり親として働きながら本児を育ててきました。平日は認可外の小さな保育所に預け、日・祝日は複数のベビーシッターに預けて仕事を続けていました。

その後、本児の就学に向けて一大発心し、実家のある本市へ転居。叔母（父親の妹）と一緒に暮らすことになりました。

○本児の気になる行動面：愛着障害による異常な攻撃性・多動性

ケース2：他市からの転園児（要保護児童）

本市の入所担当窓口から連絡があり、他市からの依頼で、転居による4歳の男児の管外委託としての受け入れが決定しました。愛着障害からと思われる本児の姿と子育てに悩む父親を支援した事例です。

◉園のかかわりと対応

入所後すぐ、本児の気になる行動面が目立つようになりました。多動的で衝動が先に立ち、自律ができていないという状態でした。例えば、友だちが遊んでいるおもちゃで遊びたいと思えば、いきなりグーパンチ、背後からキック、馬乗りになって叩くなど、子どものけんかの域を超えた暴力性を強く感じたため、本児が絡むトラブルには保育者がすぐに制止に入るありさまでした。また、気になることや物があると一目散に向かって走っていったり、年中ではあまり見られない抱っこを執拗に要求したり、といった行動が見られました。このような行動を繰り返していたので、本児のまわりには友だちが近づかなくなりました。

そこで、父親と話し合いの機会をもつことにしました。園での様子を伝えると、「転居前から子どもに手を焼き、どう育ててよいのかわからない」と悩みを告白されました。そこで、担任・副担任だけでなく園全体で本児とどのようにかかわっていけばよいのか、また父親へのサポートをどのようにするかを話し合いました。

○本児とのかかわり

- できるだけ本児の思いを受け止め、「抱っこ」を要求されたら可能な限り「抱っこ」をしてあげる。
- 本児との間にルールを決めて、守れたときはしっかりほめる。守れなくても、一度決めたルールは保育者側からは曲げない。
- 他児とのかかわりのなかでトラブルが起きたときは、当人同士で解決できるように見守る。ただし危険なときは制止する。

○父親とのかかわり

- 父親の悩みに寄り添うため、園医や相談支援事業所を紹介する。
- 父親から「保育所等訪問支援」をお願いしてもらう。
- その日の本児の園・自宅での様子、良いことも悪いことも園と父親で情報を交換・共有する。

園医からはカウンセリングの窓口を紹介してもらい、相談支援事業所では、生活福祉サービスの手続きのほか、本児の育ちと親子の暮らしを安定させ、本児と家族が就学後にも困らないように、さまざまな手立てや手続きなどを紹介してもらいました。

保育所等訪問支援では、訪問支援員に本児の園での様子を見てもらったうえで、本児とのかかわり方や専門的支

援のノウハウを教えてもらいました。また、情報を共有することで、父親と園が一緒に子育てをしていることを感じてもらえるように努めました。

◉保護者支援と子ども支援の好循環

その後も、本児の良い行動は徹底的にほめ、自己肯定感を高めるようにかかわっていくなかで、年長組となった夏以降、友だちとのトラブルも徐々に減り、暴力がエスカレートすることもなくなりました。また、部屋から突然飛び出していく回数も明らかに減り、徐々に落ち着きはじめました。父親からも、家庭で本児を叱ることが減り、ほめることが増えた、と嬉しい報告がありました。この間、父親の妹（本児の叔母）が本児にとって徐々に大きな存在となり、良い影響を及ぼしたように思いました（本児はいつからか、叔母を「ママ」と呼ぶようになりました）。

本児へのサポートが保護者支援となり、保護者支援が子ども支援につながるという双方向の効果が出たように思います。親子の生活支援や暮らしを守るための手立ては、園だけでは解決できません。そういった意味で、地域にアンテナを張り、親子にとって何が必要なのかを洗い出し、かゆいところに手が届く支援を提供するための方策を提案する必要があります。

生活基盤の安定が保護者の子どもに向かうエネルギーに変わり、親子関係が良い方向にいったことを見て、地域における暮らしのなかの子育てネットワークの重要性を痛感しました。

今後の課題と展望

2022（令和4）年、「こども基本法」が成立しました。生存権や育つ権利は、子どもにとって一生を左右しかねない大事な権利です。どのような理由であっても、子どもの権利が大人の都合で脅かされることは断じてあってはならないと思います。

一方、大人も必死で生きています。子どもの育ちを守る子育ち支援と大人の子育てを応援する子育て支援の両方が、上手に回転しなくてはならないと思います。一方が回りづらい状態であれば、少しでも回りやすくするために支援の力、地域の力が必要です。すべてを肩代わりすることはできませんが、要保護児童やマルトリートメント（不適切な養育）の親子の力になれたらと思います。

保育所が保育のテリトリーだけで子育て支援をしていては、本当に支援が必要な親子をサポートすることはできません。テリトリーから少しだけ抜け出して手を伸ばせば助けられる親子が、地域のなかにいると思います。そういった感性をもち続けて、これからも子育て家庭を支えていける保育所を目指していきたいと思います。

社会福祉法人勝山園　勝山保育園
定員：本園165名　分園29名

CASE 4

大阪府大阪市

幼保連携型認定こども園「聖愛園・あすなろ」

要支援家庭

要支援家庭を園同士の連携で支える

元々あった保育所聖愛園と併設して1984(昭和59)年に
夜間保育所あすなろが開かれ、深夜2時までの保育を実施しました(現在は24時閉園)。
当時、聖愛園の近くにあった商店街の夜遅くまで営業している飲食店などの
自営業者の子どもたちの居場所づくりとして始まり、
2000年代にはキャリア型(管理職クラス)の保護者の利用が多くなりました。
2010年代後半頃からは、育休制度の普及や保護者の働き方の変化により、
キャリア型から要支援家庭の割合が増えてきました。
要支援家庭には、親戚などが近くにいないので頼れるところがない、
保護者に疾患があり十分に育児ができない、などの理由があります。
要支援家庭にもさまざまなケースがありますが、
近年よくあるケースを例に、その支援についてお話しします。

「ひとり親家庭」を支え、保護者のレスパイトにも

ひとり親家庭で母親は会社勤めをしている(のちに管理職になる)ため、子どもは0歳から入園。入園時点で離婚しており、近隣に親戚などの頼れる人はいないようです。

隣県には祖父母がいますが、すぐに迎えには来られません。母親は、土日に仕事が入ることもあるので、そのときは、子どもを電車で祖父母に預けに行っています。

母親は保育者と話していても受け答えはしっかりしています。ただ、持ち物や提出物を忘れることは多いです。

入園して数か月が経った頃、子どもが体調を崩して休みがちになり、母親も仕事を休む日が続きました。休みが続くと、その分を取り戻そうとして残業で遅くなることもあり、表情も疲れているようでした。

子どもが1歳になると、勤務時間も長くなり、夕方延長の終了時間19時ギリギリのお迎えが日常的になっていました。19時に迎えに来て帰宅した後、バタバタと夕食を準備し、お風呂に入れて寝かしつけます。そして、子どもが寝た後に残っている仕事をするという生活が続き、忘れ物をしたり提出物が遅れたりすることが多くなっていました。保育者が声をかけると時々愚痴をこぼすような日もありました。

子どもがイヤイヤ期に入る頃に「子どもが泣いている。虐待ではないか」と近隣の住民から通報があったため、役所から子どもの登園状況などについての問い合わせがありました。後日、母親と面談をすることになり、家での様子を聞くと「19時にお迎えに行って、家に帰るとお腹をすかせて泣くので、夕食の準備をする間にパンやおにぎりを食べさせている。夕食の途中で眠くなり、そのまま寝てしまいそうになるので、急いでお風呂の用意をして入れようとすると、機嫌が悪く大泣きして

しまう」と話してくれました。

最近は家に帰るとそんなことが続いているそうで、それが虐待と通報されたのだろうということでした。子どものイヤイヤ期にどう対応すればいいのかわからないし、仕事も休む訳にはいかないと、母親自身も疲れきっている様子でした。

◉支援開始時の子どもの様子（1歳頃）

夕食前に寝てしまうこともあり、そうなると2、3時間で目を覚まして夜中まで起きているので、朝が起きられません。朝起きられない日は、登園が遅くなり1日機嫌も悪いです。

登園時間は、母親の仕事（シフト制）によってまちまちになっており、遅いときは、9時半を過ぎることもありました。ほかの子はすでにそろっているので、クラスの中にすぐに入れなかったようです。

また、落ち着いて遊ぶことが少なく、ソワソワして遊びをよく変えています。ほかの子が遊んでいるおもちゃなどを触りにいって、引っ張り合いになったり、ほかの子どもに噛みついたりすることもありました。

◉支援内容

母親には、夜間保育の利用を勧めました。園で18時半から夕食をとり、20時頃に迎えに来てもらうことで、家に帰った後は母親と一緒にお風呂に入り、すぐに就寝できるようにします。母親も19時に迎えに来て、バタバタと夕食の準備をしながら子どもの面倒をみることがなくなるので、ゆとりをもって子どもに接することができるようになったようです。

夜間保育の時間は、異年齢で過ごしている（0歳〜小学生）ので、小学生のお兄さんお姉さんの遊びに刺激を受け、やりとりや会話をまねすることで、子どもの語彙も増えていきました。

◉支援の結果

夕食から就寝までの生活リズムが一定になったことで、朝の登園時に子どもの機嫌が悪くなることが減り、クラスの活動にすんなり入ることも多くなりました。しばらくケンカや噛みつきはあったものの、語彙が増えるにしたがい、落ち着いてほかの子どもとも遊ぶ姿が増えていきました。

母親はお迎えの後の時間にゆとりをもてたので、お迎え時に保育者と子育てのことや世間話をすることが増えました。その結果、保育者や園もその家庭の状態を知ることができてフォローしやすくなりました。

◉一人で思い詰めて子育てをしない

このようなケース以外の要支援家庭や、仕事をなかなか休めない人なども夜間保育の利用者には多いです。なかにはコミュニケーションをとることが苦手であったり、仕事で平日昼の行事に参加することが難しい保護者もいます。

夜間保育では、20時以降のお迎え時

にほぼ毎日同じ保育者が、保護者と顔を合わせています。夕食後のお迎えということもあって、朝の登園時と比べると落ち着いて話をすることができます。そうして少しずつ信頼関係を構築しています。それでも、保護者参加行事や懇談会に4～5年誘い続けて、ようやく参加してもらえたというケースは1つだけではありません。

あすなろでは、夕食後や日曜日など、利用者が参加しやすい日時に行事を設定しています。保護者が参加して、少しでも「楽しい」と思い、子どもの様子をもっと知りたいと感じてもらえるような工夫をしています。そこから、昼間の時間の行事や保育参観などへの参加を促し、昼の担任やほかの保護者とかかわるきっかけをつくっています。

これらの根底にあるのは、一人で思い詰めて子育てをしないということです。園やほかの保護者と一緒に子育てをして、何かあったら(何もなくても)話せる人がいるという安心感をもってもらいます。保護者が余裕をもって子どもに接することが、子どもが健やかに、そして安全に生活していくことにつながっていると考えて支援しています。

◉夜間の保育とは？

あすなろの夜間保育では、「子どもが明日も元気に登園する」ことを目標にしています。3つのR「リラックス・リフレッシュ・リカバリー」をテーマに保育を行っています。日々子どもの様子を見て「あんまりやることを詰め込みすぎると、リラックスできないな」「今日は子どもが疲れているから、リフレッシュかな」「体調の良くない子が多いから、リカバリーでいこう」と、常にこの3つのRから支援や保育を考えています。

例えば、夜にしかできないお月見会をしたり、園庭で花火などを楽しんだり、疲れているときには布団を敷いて横になりながら、お話を聴いて身体を休めたりなどしています。お迎えの時間が21時を過ぎる子どもは、園でお風呂に入って家に帰ったらすぐに就寝できるようにするケースもあります(図4-4-1参照)。

特にあすなろの夜間保育では、0歳児から小学生が一緒に過ごしているので、保育者も意図して子どもたちを互いにかかわらせる機会をつくっています。子ども自身は意識していないでしょうが、保護者や保育者、同年齢の子どもが相手では意地を張って引けないようなことでも、年が離れている赤ちゃんには、素直に笑顔になれたり、逆に小学生のお兄さんお姉さんにやさしく手をつないでもらうなどの触れ合いが、硬くなった心を解きほぐすこともあります。

保育者も、昼間の担任から夜間の担任へと引き継がれ、部屋も変わります。その切り替えがあるからか、子どもたちも、あすなろでは「リラックスしてい

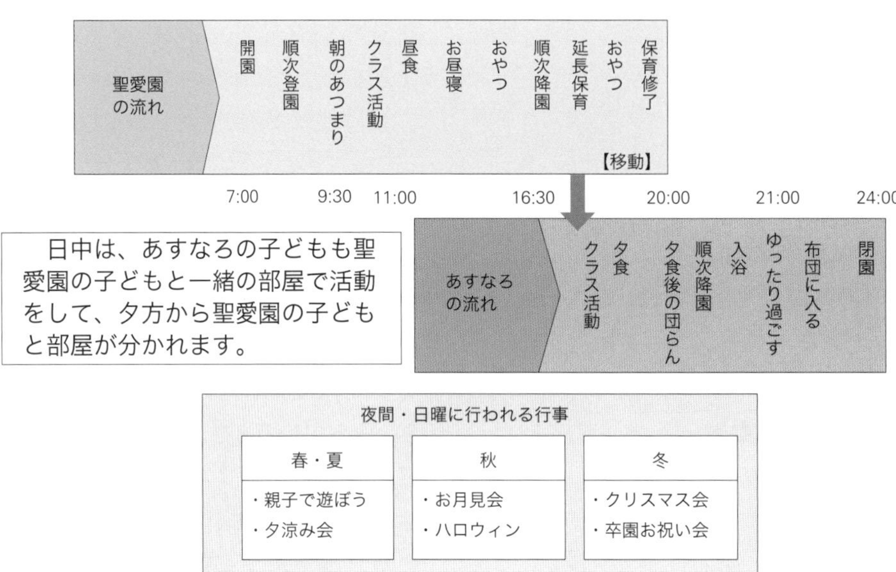

■図4-4-1　1日の流れと季節の行事（例）

い場所」「素を出してもいい時間」というものを感じ取っているようです。昼間の保育では頑張ってグループのリーダーとして活動している子どもも、夜間の保育では甘えやわがままを出す姿もあります。

昼間の保育と家庭の間にある夜間保育でストレスを発散し、心と身体を少しでも回復することで、子どもたちは次の日も元気に登園できています。「元気に登園できる」とは、すなわち、自分のやりたいことに夢中になれたり、活動のなかで友だちと協力したりするなど、他者のなかで積極的に遊び、生活することができるということです。

夜間保育というとほとんど知られていませんが、『夜間保育と子どもたち』には「質が担保されていれば、時間の長さや時間帯は関係しません」「世界に例を見ない深夜に及ぶ夜間を含む保育であっても、保育の質が高ければ、子どもに望ましい影響を与えていました」[*1]とあります。

あすなろの夜間保育は、保護者の支援だけではなく、子どもにとっての居場所でもあります。それは、単なる延長保育ではなく「夜間も保育」をしているからであり、それこそが強みになっています。

＊1：櫻井慶一編集（代表）、全国夜間保育連盟監修、北大路書房、34・35頁、2014年

◉継続的なかかわりのために

要支援家庭は、続けて登園してもらわないと継続して支援することが難しいという面もあります。また、地域や社会では、園の存在や認可の夜間保育

所・こども園が存在していることさえ知られていないということがあります。実際に保育を学んでいる学生や現役の保育者の認知度も低いので、研修や職員の人材確保が難しいのが現状です。

園としては、SNS等を活用して、夜間保育所の存在意義や魅力などを積極的に発信することが必要です。

一方、保育者を取り巻く環境は、子どもの保育以外に高度な子育て支援を要する場面も増えているため、ますます厳しくなってきています。中・高校生のときに乳幼児に触れる機会の増大や福祉業への積極的な投資、人材確保のための給与面の大幅な改善などは、国を挙げて行って頂きたいです。

社会福祉法人路交館　幼保連携型認定こども園聖愛園・あすなろ
定員：135名（聖愛園）、45名（あすなろ）

CASE 5

埼玉県さいたま市

「さいたま市巡回保育相談事業」

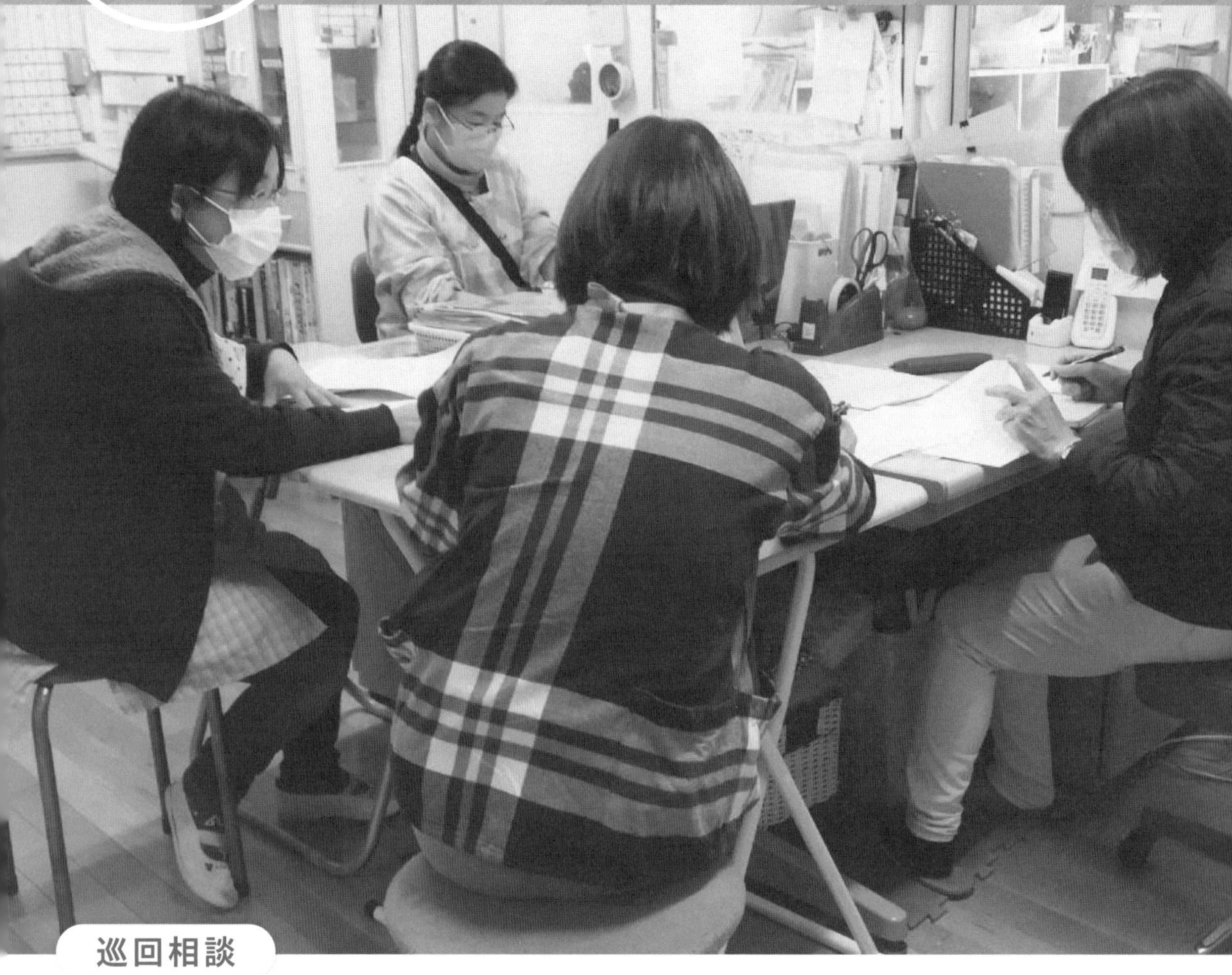

巡回相談

巡回保育相談を通して障害をもつ子どもの育ちを支える

さいたま市では、障がい児支援について長く独自の方法で取り組んでいます。
本市の事例として、さいたま市の保育者、保育所長、市の保育課担当者、
また現在は育成支援相談員として本事業に携わっている下田敏江さんに、
事業の歩みと現状についてまとめていただきました。

巡回指導の始まりと巡回保育相談への変遷

現在私は、さいたま市が実施している巡回保育相談事業において、幼児教育・保育推進員の一人として担当をさせていただいています。この巡回保育相談事業の原点となる巡回指導は、当時大妻女子大学の教授であった大場幸夫氏（故人）が、旧大宮市婦人児童課、保護課の職員から相談を受け、1976（昭和51）年頃に始めた保育相談です。

当時、旧大宮市公立保育所では、障害をもつ子どもも保育に欠ける要件に該当するということで園生活を送っていました。しかし、園生活において、障害をもつ子どもに支援を求める保護者の声が寄せられたことで、市の職員が大場氏に相談し、保育をフォローする保育相談として生まれたようです。そして、大場氏を中心とした旧大宮市障害児保育相談チームと旧大宮市の職員とで、保育所生活を通した、障害をもつ子どもの育ちを支える巡回指導を実施することとなりました。

旧大宮市では当時、心身障害総合センターの開設が予定されていて、その背景には障害児の療育を体系的に実施していくという目的もあったようです。そうして、各保育所で巡回指導が始まり、障害をもつ子どもとともに園生活の在り方を探っているなかで、1998（平成10）年11月に公立保育所の障害児保育が制度化されました。

障害児に対する施策も次々と展開され、地域において健常児とともに育ちを考える動きが広がるとともに、障害をもつ子どもの保育所への入所申し込みや、実際に園生活を送る子どもが増加して巡回相談のニーズも高まりました。当時を振り返ると、それは、保育所生活でのわが子の育ちを期待する障害児をもつ保護者にとって、大きな光が差したときであると、今でもはっきりと記憶しています。

このような状況を経て、各保育所に巡回指導（「指導」はのちに「相談」に変更）が定着し、旧大宮市、浦和市、与野市、岩槻市が合併し、さいたま市となった現在も、保育者の強い要望もあり保育相談事業として引き継がれました。現在は、巡回保育相談と事業名が変わっていますが、より充実させるためにと検討を重ね、今に至っています。

障害をもつ子どもを育てることの大切さと、保育所としての役割

◉巡回指導の流れ

旧大宮市の公立保育所において、巡回指導は障害をもつ子どもへの理解や支援を学び、考えることだけでなく、今

までの保育の在り方への大きな問いかけともなりました。

巡回指導は、次のような流れで行われました。

相談日当日は、市の相談員と担当課のケースワーカーとで来園し、担任あるいは担当、園長とともに、当日の午前の保育の流れや対象児についての相談内容、相談員の動きやビデオ撮影の確認等の打ち合わせを行います。

その後、相談員が対象となる子どもの午前の様子を観察し、その姿を通して、午後の午睡の時間帯に、可能な限りの職員が出席し話し合います。

相談員は、対象児の観察、あるいはかかわりを通して、目に映る様子をまとめ、午後の話し合いの時間に報告します。話し合いでは、ほかのクラスの担任から、普段の対象児の生活の様子についても聞かれ、対象児について共通理解する場となりました。また、保育者同士での子どもの捉え方の違いも知ることもできました。

◉保育者の気持ちの変化

話し合いの開始当初では、保育者はとても緊張しており、相談員の一言一言を聞き逃すことのないように話を聞くことや記録をとることで精いっぱいでした。

保育者にとって、ビデオに映る対象児の満ちた表情と、活き活きとした動きは衝撃的でした。また、そうした対象児の笑顔を日常の保育のなかではなぜ出せなかったのだろうかと、自分自身を責めることもありました。保育者一人ひとりがいろいろな思いを抱いて話し合いを終え、相談員が相談記録を提出して終了となります。その後は、話し合いで得た気づきから対象児へのかかわりや環境保障について見直します。

このように、巡回指導を受けて実践することを繰り返していくなかで大きく変化したのは、保育者同士の気持ちでした。支え合って保育することの大切さを改めて実感し、まずは障害をもつ子どもの居場所を保障することから始まったように記憶しています。対象児が自ら望む場所で遊ぶ姿は、楽しそうで集中して取り組んでいるように見えました。

このような流れのなかで巡回指導は次々に依頼があり、各園において1年間で数回実施されていきました。

相談員を囲み、育成担当の保育者だけでなく、多くの保育者が参加します。

◉実践研修会の開催

1987（昭和62）年2月、旧大宮市の全公立保育所の職員を対象に、第1回保育実践研修会が行われました。研修会には相談員も参加し、3園の取り組みの発表が行われ、その後、大場氏から講評がありました。以下はその一部です。

> 表題「気になる現象への気づきを深める」
>
> 子どもは園全体を使って、あちこちつまみぐいをしながら育っていきます。最優先させるべきは、職員集団がその子の状態を知り、それぞれの子どもとのかかわりを通して、その子が落ち着けるように心がけることです。保育者との生身の感情の交流が可能になること、このことは生活習慣の自立とか、言葉の獲得よりも重要な課題であると考えます。そして、保育者が自分の見方、感じ方、かかわりにこだわってみることは大切で、他の人の見方を否定するものであってはならないでしょう。子どものいろいろな面を認めて、お互いにそれぞれの考えを出し合ってみることが必要だと思います。
>
> （「保育実践研修会」大場幸夫、1987年）

こうした話を職員全員で聞くことで、保育に見通しを立てることができ、子どもとかかわることにも前向きになりました。私自身、ワクワクとした気持ちで参加し、発表園の子どもへのかかわり方や保育環境などからヒントを得ることもたくさんありました。保育実践研修会は、回を重ねるたびに研修内容こそ変わりましたが、16年間続きました。

多方面から障害児保育に向けた動きがあるなかで、1990（平成2）年に障害児保育が保育所保育指針に初めて記載されると、各園の巡回指導への取り組みにも変化があり、その試行錯誤の様子が記録として残されています。公立の各保育所において保育相談事業が定

対象児の育ちの様子や園でできる援助について参加している保育者全員で話し合います。

着したなかでも、園側から、子どもの様子を見てほしいという相談が増え、同時に、課題も出てきました。対象となる子どもの相談当日の姿が、いつもと違うことをどのように捉えるか、園側の話し合いの進行のあり方はどのようにすればよいか、保育者側がより納得できるような話し合いとするためにはどうすればよいかなどの問題を抱えながら、旧大宮市の障害児保育は、さいたま市の育成支援制度として生まれ変わることとなります。

現在の育成支援制度について

2001(平成13)年、さいたま市公立保育所としての規模が拡大し、さいたま市の育成支援制度適用対象児童(以下、育成支援児)も増加したことによって、巡回保育相談事業の運営方法も変更となりました。各公立保育所に保育士2名が加配保育士として配置され、10区の委員会で育成支援制度適用対象児童となった子どもを対象に、巡回保育相談(保育相談から名称変更)が行われることとなり、今まで巡回相談の対象であった気になる子に対して、園からの申し出を受け、初めての事業として巡回保育相談を行うこととなりました。

巡回相談の4割近くを占めていた気になる子への相談が新制度として成立し、悩みを抱えた保育者にとって、子ども理解に資する希望の光が差しました。また、育成支援制度適用対象児童の在園中、年に1、2回、巡回保育相談を実施することとなり、相談員も増えました。

《育成支援児が決定するまでの流れ》

1. 保育観察
   療育手帳の有無にかかわらず、保育観察のうえ、育成支援対象児の決定
2. 育成支援児の決定
   保護者に通知
3. 巡回相談日程の決定

《現在のさいたま市巡回保育相談の1日の流れ》

9時30分	担当者との打ち合わせ
10時頃〜11時30分	観察
13時〜14時45分	カンファレンス

＊園では、相談日の前と後に保育者とほかの保育者による事前カンファレンスと事後カンファレンスが行われている。

さいたま市の各保育所が保育を展開しはじめると、旧大宮市との違いから、保育者、職員の間に戸惑いと不安の声が広がりましたが、そのようななかでも保育者は、巡回保育相談の事業を通して、意識が変化しました。現在、相談員として、臨床心理士、臨床発達心理士、また大学・養成校の教員やOT(作業療法士)、園長経験者など多様な立場の人がかかわっています。相談員には、保育者を支えているということを実感してもらうとともに、保育を楽しむ力も育てていただいたように思います。現在、私は相談員という立場でこの制度にかかわっていますが、園全体で子どもの育ちを丁寧に捉える機会は、保育者自身の成長にもつながっているこ

A子との出会い

さいたま市のある公立園で、巡回保育相談の事業を通して2歳児クラスでダウン症のA子と出会いました。園生活を始めて数か月を過ごしてきたA子、20数名の子どもたちのなかで、担当の保育士の手助けを受けながらも、しっかりとした振る舞いをしていました。担当の保育士が、上着の着替えを手助けする際は、正面に立ち姿勢を正して動かないように身構え、保育士のボタンを外していく動きや脱がせる動きに合わせています。その後、水遊びでは、子どもたちのつくる流れに沿って行動し、何かに期待しているような表情も覗かせます。そして、水が張ってあるビニールプールの側に座ると、プールに身体を寄せて揺らし、水の動きを見て喜んでいます。また、浮いている玩具を次から次に手にして水を掬い、バケツに移すことを繰り返し楽しんでいました。排泄、食事準備へ自ら向かう姿もあり、担当の保育士の存在を確認しつつ、一緒にいることを楽しんでいました。A子の傍らには常に保育士がいて、生活を支えていました。また、共に生活している子どもたちも、落ち着いて日々を過ごしていて、遊びに取り組んでいました。そのなかでも、自分の気持ちや思いを保育士に伝えている子どももいて、保育者が、子ども一人ひとりに配慮するよう努めているように感じました。

A子は進級し、年少組の時に印象的だった姿が巡回保育相談日にありました。自分の気持ちを行動で強く主張する姿に心の育ちを感じました。園庭で共に過ごしていた保育士がA子から離れ、他児たちの要求に応じて楽しんでいることを見たA子は急にその場で止まり動かなくなりました。下を向き俯いた動きを続けます。必死に保育士に訴え続け、保育士が気づいてA子のそばに行き言葉をかけると、笑みが戻って、他児と同じようにして貰って嬉しそうな表情になりました。その後は、保育士の動きを見て、自ら保育室に戻り着替えに向かう姿もありました。保育士との関係の重要性を実感するような場面が多くあって、かかわることの大切さを再確認しました。

そして、年中組では、新たに担当となった保育士と出会いました。クラスの子どもたちみんなが、紙芝居を聞いている場でのA子、担任の保育士が、子どもたちに読み聞かせを進めているなかに、自分が関心のある絵本を持って、担任の目前にと進んで座ります。そして、紙芝居を聞いたり持参した絵本を見たりして、話の世界の雰囲気を味わっていました。A子がクラスの一員として自信に満ちた動きをしていることに驚きました。その後、給食の準備が進められているなかで、A子は隣の保育室のままごとコーナーに向かい遊びはじめます。ままごとの机に御馳走を次々と並べ、冷蔵庫から取り出すものは電子レンジで温め、キッチンを整えたりします。周囲の保育者から、給食の誘いを受けても動じていないかのように続けていました。その後、自ら片付けはじめ、担当の保育士と一緒に給食に向かいました。

年長組になったA子。午前の遊びを終え給食準備に移るときには、担当の保育士に身体を委ね、まったりしてしばらく過ごす姿がありました。ありのままを受け止めてもらい、力を蓄えているように感じました。また、他児にかかわっている保育士の膝に座りながら、他児の動きや表情を渋い顔でじっと見ていて、関心を向けているように感じました。また、室内遊びでの美容院ごっこでは、保育士がお客様、数名の女児とA子が美容師となって遊びが広がる姿がありました。机の上に美容院で使われているような玩具がそろって置かれています。玩具を手に取る子どもたちは、イメージしているように玩具を扱い、A子も同じように進めています。カット、シャンプー、ブローと保育士の髪を丁寧に扱っています。そして、A子の次のお客様は他児。受け入れながら他児の表情を窺うような動きもします。A子の丁寧できめ細やかな動きに感心つつ、子どもたちのあり様を映し出しているようにも感じました。

とを実感しています。巡回保育相談先でのA子との出会いを通して、そのことを記したいと思います。

相談員の私には、A子の園生活を通して育ってきた姿が点となって見えますが、カンファレンスを行うことで、それが線としてつながるような気がします。相談ごとに保育者がA子の園生活の日々を支え、より良い保育環境を保障しようと努めていました。保護者の思いにも耳を傾け、A子の育ちや今後の生活、遊びをより豊かにする取り組みについても伝えられていました。こうした姿勢は、A子の姿に大きく影響したように思いました。そして、最後の巡回保育相談では、保育者の保育を楽しむ姿がとても印象的でした。

今後に向けて

現在の巡回保育相談は、次のようなねらいで実施しています。

「対象児童が育ってきた過程や心身の状態を確認し、生活を通してどのようなかかわりや遊びを経験してきたかを振り返り、職員間で共通理解を図る。また、対象児童を含む子どもたちのニーズに応える保育、保育者のかかわり、保護者支援について相談員とともに考え、園全体で取り組み、実践につなげていく」

取り組みには、私が巡回する園によって温度差があるように感じます。対象児童を園全体で受け入れる姿勢をもち、保育者一人ひとりの見方を重ね合わせて保育を展開していると感じる園に出合うこともあります。この事業には、園長の保育リーダーとしての姿勢や、子どもへの見方が影響していると感じますが、普段の保育者間での連携した保育展開がとても重要となります。

現状として、私立の認可保育所・地域型保育所・認定こども園では、巡回保育相談事業は広がっていません。私立園でも、障がいをもつ児童に対する独自の取り組みがありますが、発達につまずきのあると思われる児童が、私立園から公立園へと転園を勧められるという現状もあります。さいたま市の保育所に在園しているすべての児童に巡回保育相談事業が保障されることを願います。

そして、その日のカンファレンスを充実させるために、相談員として私自身が学ぶことも重要です。保育者の発言の重要性を取り上げ、保育者と対等な立場になって意見交換や議論を深め、子どもの一番身近な存在である保育者の日常的なかかわりが、いかに有意味であると実感させられるかが課題のように感じます。

多様化する保育現場の課題に対応するなかで、保育業務も拡大し、ゆとりがなくなっているというのが保育施設の現状ですが、巡回保育相談の場で、保育者と専門家が連携し協働することで、保育の質の向上につながると確信しています。一人ひとりの保育士が、

保育の素晴らしさを仲間とともに感じながら、園生活を楽しめるように相談に向かいます。■

日常的に親子と接する利点を活かしたかかわり・支援

親子へのケアが求められる保育所等

入所要件の拡大により、虐待（の疑い）やDV、親の精神的疾患等を理由とした保育所等の利用が可能となっています。そのため、要支援・要保護家庭を受け入れることとなった保育所等や、地域の受け皿となる子育て支援センター（以下、保育所等）は、親と子どもへのケアにおいてこれまで以上に重要な役割を担っています。子どもだけでなく、親へのケアは、日常的に親子と接する保育所等であるからこそ可能であるといえるでしょう。

特に近年は、愛着形成に不安定さや問題を抱えている子どもが増えています。核家族で地域から孤立している家庭では、子どもにとって愛着対象は親（特に母親）しか存在しません。さらに、仕事と子育ての両立で多忙を極め、心身ともに疲れ果てた親にとって、一人で子どもとの愛着形成を成り立たせるのは容易ではない状況が続いているといえるでしょう。保育所等での親子の受け入れがますます大切になっています。

セルフケアとチームによる支え合いを

生理的早産といわれる人間の赤ちゃんには、共同養育が必要と考えられています。その意味では、保育所等で保育者や専門職が愛着対象として存在する意義は非常に大きいといえます。特に、在宅で子育てをしていると、閉鎖的な関係のなかで、ほかに向きを変えることができない親のマイナス感情が子どもに向けられることになります。

子どもの泣き声が自分を責めているようだと被害的な認知を強めてしまい、親子の間で不安定さを増大させることになります。子どもだけでなく、母親の愛着対象としても保育者の存在は大きいものとなります。また、親のレスパイトやリフレッシュを目的とした預かり保育や長時間（夜間）保育の必要性がより高まるものと考えられます。

保育所等は、要保護児童対策地域協議会をはじめ地域の関係機関からあらゆる機能を期待されますが、役割や分担を明確にしておかなければすべてを背負い込み、保育者が疲弊しかねないため、十分な留意が必要となります。要支援・要保護家庭とかかわる保育者は、親と子から常に心理的安定性が求められます。セルフケアとチームによる支え合いを日常的に意識しましょう。

（倉石哲也）

第5章

子育て家庭への さまざまな取り組み

③ 多様なニーズに応えるⅠ

CASE 6 マイ保育園制度と親子登園／はくさんひかり園（石川県）

CASE 7 マイ保育園ひろば／東京都江東区（東京都）

CASE 8 子育て家庭の支援／認定こども園 母の会（埼玉県）

CASE 9 子育て支援センター／認定こども園 風の丘（千葉県）

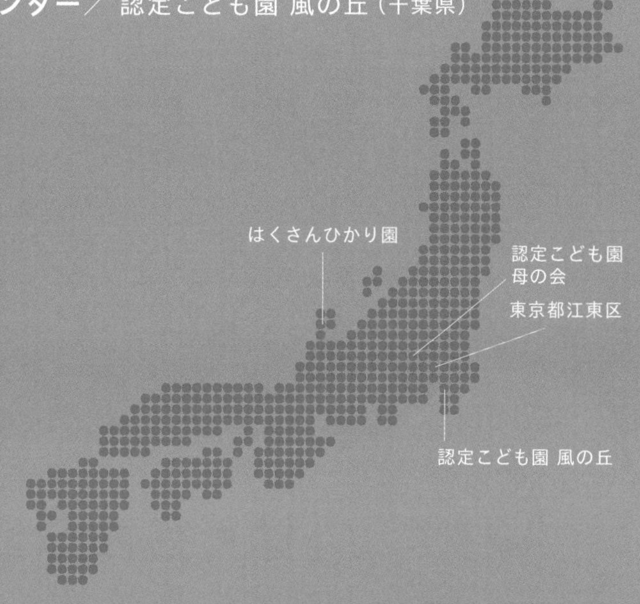

子どもをまん中に置いた
子育て家庭への支援
――「マイ保育園制度」と「親子登園」

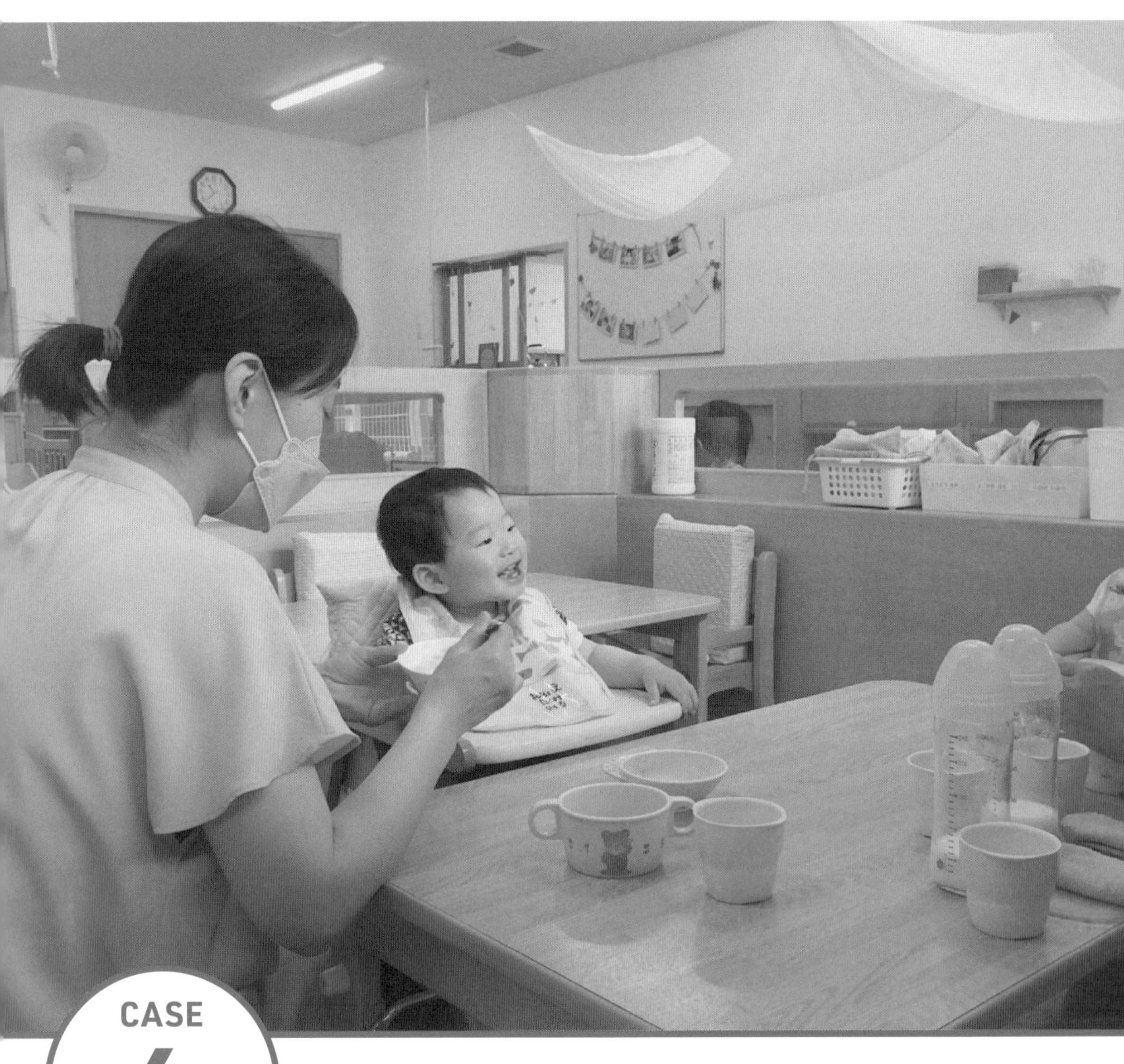

CASE
6

「はくさんひかり園」

石川県白山市

はくさんひかり園は2013(平成25)年、公立保育所の民営化に伴い誕生し、
2017(平成29)年には認定こども園に移行しました。
民営化して独自に保育を展開していくことを利点として、
社会情勢の変容に左右されず、子どもたちが健やかに育まれることを願ってきました。
入園前に定期的に園を利用する「マイ保育園制度」と、
入園後しばらくの間、親子で登園して過ごす「親子登園」を通して、
地域の子育て家庭に対して保育所等ができることを考えます。

(左の写真は親子登園(0歳児)の初めての食事の様子)

乳児期の育ちの共有

現在、保育所では0～2歳児の利用率が増加し、家庭よりも園で過ごす時間が長いという現状があります。保育所保育指針第4章「子育て支援」では、「子どもの育ちを家庭と連携して支援していく」と記されています。また、乳児期の発達は著しく、日々成長する子どもの育ちを見逃さず、丁寧に支えていかなければならないと思います。子どもがもっている育つ力を、園と家庭が連携して支えていくことは必須です。さらに、今の子育て事情に合わせて、何をどのように連携すべきかを考えていくことが、子育て支援として求められているのではないでしょうか。

保育所保育指針解説では「日々子どもが通う施設であることから、継続的に子どもの発達の援助及び保護者に対する子育て支援を行うことができる」と記されており、「継続的に」とはどのような支援であるか、施設としてできる支援は何かを考えなければならないと思いました。

初めて保護者と離れて過ごす0歳児にとっては、家庭的な雰囲気であること、家にいるときと似た生活環境であることが一番の安心につながります。その環境を実現するために、保護者の存在を通して子どもが安心できるよう、本園では、入園後しばらくは親子で登園して過ごす取り組みを行っています(親子登園)。第一の場所である家庭から離れる子どもの立場になり、新しい第二の家庭(おうち)を保障することが子どもの安心につながると考えます。「子どもをまん中」に置いて、家庭と園、保護者と保育者の双方が温かく子どもを育むことを望みます。

子育て家庭が園を身近に感じるために

◉マイ保育園登録制度

本園では、設立当時よりマイ保育園登録制度(図5-6-1)に取り組んできました。登録者は園開放に訪れたり、3回まで無料の一時保育を利用したり、来園回数が多いと感じます。さまざまな園を利用する保護者もいるなかで、定期的に利用するマイ保育園の登録者は、園をより身近に感じたことによる常連意識があります。また、園開放を利用する家庭も増え、結果的に入園につながっています。

入園後は、登録者や園開放を利用し

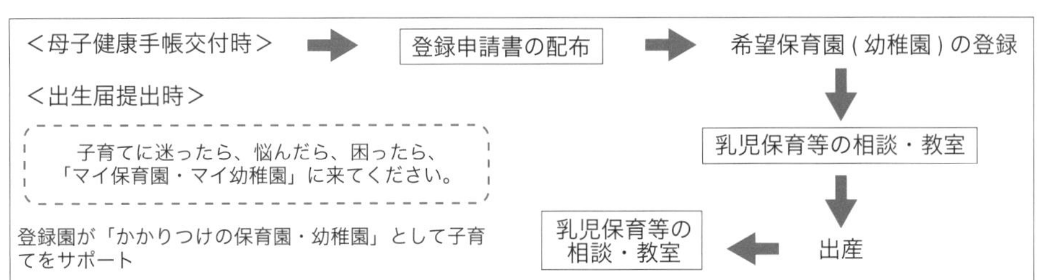

■ 図5-6-1　マイ保育園・幼稚園登録制度のしくみ

ていた家庭と、そうではない家庭とで、明らかな違いを感じます。前者は、初めての場所ではなく顔見知りの子育て支援担当者がいることで、安心して登降園する様子がみられます。見知った顔が園内にあることで、何気ない挨拶や会話が保護者の心を和らげているようです。子どもにとっても、知っている場所で知っている人がいること、安心している保護者がいることで、後者の子どもよりも早く園に慣れている様子でした。子どもが安心して保護者から離れて過ごすためには、保護者の心もちが重要であると感じられる取り組みです。

園開放 ミュージックケア

◉親子登園の試み

マイ保育園の経験から、入園後に不安を抱え、園生活に慣れるまで時間を要する子どもの負担軽減に活かせないだろうかと考えました。そこで、親子を分離させた従来の慣らし保育から、親子が一緒に登園して過ごし「慣れていく保育」、親子登園を始めました。

2017(平成29)年度から、0歳児を対象とした親子登園を取り入れましたが、その後、1•2歳児でも、新しい環境からくるストレスにより、乳幼児突然死症候群(SIDS)が起こりうることを知り、対象年齢を見直しました。新しい環境で過ごす子どもの負担を考え、2018(平成30)年度から、新しく入園する1•2歳児にも行うことにしました。

日程の目安として、0歳児は5日間、1•2歳児は3日間とし、初めての食事は必ず親子で摂ることにしました。入園説明会において親子登園の趣旨を伝え協力を求めたところ、仕事の関係により参加が難しいとの声も聞かれましたが、改めて実施の重要性について伝え、新しい生活に入る子どもの育ちを大切

■ 表5-6-1　親子登園日程の基準

降園時間	0歳児クラス	1・2歳児クラス	
10時降園	2日	2日	10時降園の後、慣らし保育が入り、個々の状況に合わせて、食事のときに親子登園を行う
食事後	3日	1日	

にすることへの理解を得ました。その結果、保護者の大半の参加が得られ、子どもたちは安心して保護者と離れて園生活を送っています（表5-6-1）。

周知活動の苦労

◉新たな登録者の発掘に向けて

在園児のきょうだいがマイ保育園登録を行うことは、安定した登録者数の維持にはつながりますが、新規の登録者が増えないことが課題でした。そこで、利用者目線で地域性を重視することにしました。園近隣の町内会に依頼し、園開放のお知らせを年2回の回覧板に収めました。地道ではありますが、回覧板を見た保護者に対してマイ保育園登録を説明すると、進んで登録してもらうことができました。また、マイ保育園登録者を対象とした企画を取り入れることで、園をより身近に感じてもらうことにつながりました。

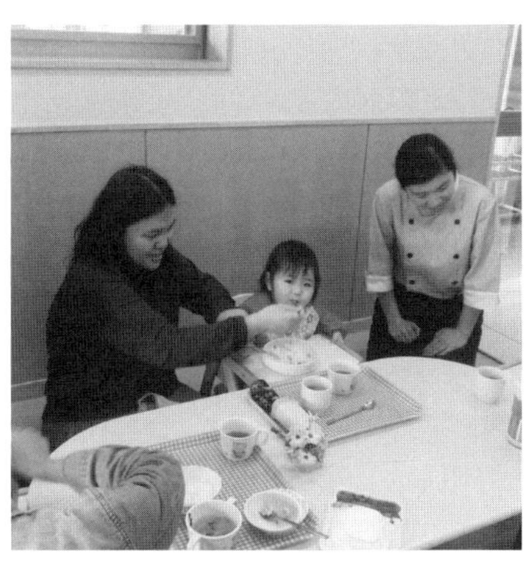

マイ保育園登録者の園開放
栄養士と話そう
（育児講座、試食・相談会）

しかし、知らない場所や知らない人がいる施設を苦手とする人は、園を利用することはありません。家にこもり、孤独に子育てをする保護者にこそ支援が必要であると感じ、新聞の出生欄で地域の新生児を調べたり、近隣を散歩する親子に声をかけるなど、園の存在をアピールしました。

◉保護者の就労と親子登園の両立の難しさ

0歳児の保護者は、職場復帰するのは入園の2週間から1か月後であるため、親子登園や慣らし保育を行う時間的な余裕があります。親子での登園をしっかり行い、子どもの慣れる様子に合わせて降園時間を徐々に延ばすことが可能です。

しかし、1・2歳児の場合、ほとんどの保護者が入園とともに職場復帰するため、親子登園の日は仕事を休み、慣らし保育中も仕事の都合を調整していました。または、お迎えを祖父母に依頼するなど、家族間で協力していました。しかし、核家族やひとり親家庭では保護者の就労状況に合わせるしかありません。育児休暇を取得できても、その後の働き方に関しては柔軟に対応することが難しい現状があったため、安心感とゆとりをもって親子の入園を迎えるために、入園の受付時に親子登園を伝え、園の方針を知ってもらうようにしました。

入園説明会では親子登園について詳しく説明し、入園後の降園時間の予定をあらかじめ知らせることで、体制を整えてもらうようにしました。そうすることで、職場の理解を得て、祖父母や配偶者との連携が可能になりました。

試みの効果——子ども、保育者、保護者

◉入園後の園生活へのスムーズな移行

マイ保育園の登録者が増えると、一時保育、園開放の利用者が増え、入園につながりました。園の子育て支援担当者は、入園前の親子の様子（保護者の子育て観、子どもの育ち）が見えているので、入園後の担任と親子の関係性の橋渡しが可能となり、より的確な助言につながったのです。

親子登園中の子どもの様子について、保護者は「親といるから安心して…」、保育者は「保護者がそばにいることで…」「保護者と一緒に過ごすことで…」と、子どもが安心して過ごしていると話します。愛着関係について、遠藤（2014）は「特定の大人とアタッチメントを繰り返し蓄積することで相手が代わっても人という存在を信頼できるようになり、基本的信頼感を得る」と説いています。このことから、親子登園で見られた、子どもが安心して過ごしている姿は、保護者を通して保育者への信頼感につながる一歩といえます。

初めての園生活を親子で過ごす効果は、子どもが親子の愛着関係によって、園、保育室、保育者、ほかの子どもなどに安心感を抱き、慣れていくことです。保護者が家庭で、保育者が園で、それぞれの立場から子どもが安心できるかかわりを模索し対応することで、安心の輪が土台となり、子どもが園に適応していることが明らかになりました。また、初めての場所にもかかわらず、子どもたちの安心して遊ぶ様子が見られました。

ヒトは、心身の安全保障がされて初めて、外界に対して積極的な探索を行うことから、子どもは保育者を安全基地として外界を探索していたと思われます。子どもが「保護者に対して、初めは甘えたりくっついたりするが慣れていく、離れていく」「保護者と離れると泣いてしまう子もいたが、保育者がいると安心した」という姿からも、保護者に代わる特定の大人＝保育者が成立していたと推測できます。特定の大人との間に情緒的な絆が形成されるとともに、人に対する基本的信頼感が育まれたといえます。

◉保護者との関係性の変化

次に、子どもの人と物への興味・関心広がりです。保護者に代わる特定の大人が保育者であることが明らかになるとともに、保育者とかかわるほかの保

育者、ほかの子どもへとかかわりは広がっていきました。人との信頼関係の構築のもとに、保育室という場や玩具とのかかわりが確認でき、不安のないことが周囲に視野を広げ、人と物への興味・関心を広げたといえます。さらに「保護者が園生活を知り具体的にわかる」「保育者は親子関係が見える、わかる」ことから、保護者には目に見えてわかりやすく、保育者には専門性に特化し判断材料として考えられる取り組みとなっていました。それぞれの立場のことを知る、理解しようとする、疑問に思う、質問する、改善の方向性を探るなどの動きを導き出せたと考えます。

保護者は園生活や子どもについて考え、疑問をもち、関心を高めていきました。それは、そうした保護者を受け止め、考え、対応しようとする保育者の姿にもつながりました。保護者が学ぶ機会であるとともに、園や保育者への親近感、信頼感を深めています。保育者から学ぶ機会を得て、保育者がモデルとなって保護者に示し、伝えていく必要性も明らかになりました。

日々の子どもの様子、成長を伝えることの積み重ねが、保護者とともに子どもの育ちを支える土台になります。このことは、保護者と保育者の連携になっているでしょう。保護者は、求められ、急かされて知るのではなく、主体的に知るきっかけとして、窮屈にならないほどよい安定感を得られたと思います。

園と家庭の違いを受け止める

マイ保育園登録制度の登録者に対して、親子クッキング・親子で田んぼ散歩・こども園生活体験や3回まで無料の一時保育利用などを行っていました。現在はコロナ禍のため中止していますが、今後は入園に向けた園見学の動画視聴などを計画しています。

園開放日は月4回（毎週火曜日9:30～11:30）で、発達年齢に合った遊びや季節の遊びの提供、外部講師（リトミック、ミュージックケア、ベビーマッサージ、お話の会）や自園講師（栄養士、看護師、薬剤師）による講演会を行っていました。コロナ禍では外部講師、自園講師の企画は行わず、遊びの場の提供を予約、人数制限制で行っています。

親子登園で、保護者は、特に食事の場面で家庭と園の違いを感じていました。食事内容や食べさせ方の違い、家

親子登園（0歳児）
親子の様子を見守る保育者

親子登園（0歳児）
子ども同士の遊びを見守る保護者

庭では汚れやこぼしを気にかけるのに対し、園では子どもが食べようとする姿を大切にしていることなどです。子ども自身の姿にも違いがあり、家より園のほうがよく食べる、周りの子どもの刺激がある、などです。専門性のうえで成り立っている園での過ごし方は、子どもにとっての最善を考えた環境です。しかし、それぞれの家庭の方法や子育ての方針を受け止め、園と家庭の違いは当たり前と再認識しました。

保育者は親子関係が見えることに肯定的ですが、保護者はわが子とほかの子どもを比べることに否定的です。互いが子どもの成長を願うことは同じですが、受け止め方や考えが相反することは避けなければなりません。ですから保育者は、子どもの日々の様子を伝え、園の保育の意図を説明し、保護者との意思疎通を心がけなければなりません。“家とは違う様子”はなぜ起こるのかを探り、保護者と連携して家庭での育児力向上に向けた話し合いをすることが大切です。保護者には、自身の気持ちを受け止めてもらうことで子育てに自信をもち、楽しいと感じられる経験も必要だと思います。

マイ保育園登録者への園開放
わくわくクッキング

手づくりふりかけおにぎりと
フルーツクラッシュゼリー

親子を支える支援のあり方

◉子どもの幸せをまん中に置いた対応

子育て支援とは、親のニーズに応えるものではなく、子どもの幸せにつながるものだと考えます。子どもの幸せとは、子どもが自らもつ育つ力を安心して発揮できることです。それは、子どもの育ちを保障した、子ども目線の支援（援助と支え）となるための保護者への支援であり、保護者が気持ちに余裕をもって子育てをするためのお手伝い（支援）が必要です。

親子登園の取り組みでは、各親子・家庭の子育てに対する“今”の保護者の思いを知り、受け止めることが可能となりました。保育者が一人ひとりの子どもに寄り添うように、保護者一人ひとりにも寄り添う大切さを学びました。子ども・子育て支援法の理念から考えると、保護者の養育力を第一にしながら、専門職を活かしてその力をどのように引き出し支えていくのかが問われています。ですから、親子登園で得た親子関係や保護者の育児観を、子どもの育ちを支える手がかりとして、保育に返していくことが求められます。

また、保護者と保育者の間には考え

や思いの差異があることを受け止めるとともに、その違いを明らかにし、「子どもをまん中」にどのような対応が望ましいのかを考えることが大切です。

◉子育てにおける保護者のパートナー

子どもが主語となり、子どもの権利的視点で書かれている児童福祉法や、これからの乳児保育に求められる乳児期の子どもの意見表明について、その「思い」を読みとる大人の存在が重要です。保育者に必要なのは子ども理解を深めながら、保護者に対して、権利的な視点においても専門的知見からの提案を含めて連携することです。子どもの育ちを支えながら、保護者に対して親子登園の趣旨を伝え、子どもの育ちを支える視点から保護者を支援していくことが求められます。親子登園では、保護者が教えられたり指摘されたりするのではなく、自ら見聞きし疑問を解決しようとする環境が整っています。

子どもの育ちや特性に触れずに保護者になる時代、求められ、急かされるのではなく、主体的に子ども理解を求めるところに、より良い親子関係の構築、親の養育力の向上が達成されます。

これからも、倉橋惣三の保育哲学、「子どもは単に育てられる受動的な存在ではなく自ら育とうとする主体的な存在であり、子ども自身の育つ力を信頼する」の意味を実践からより理解を深め、保護者とともに子どもの成長を見守り、支える保育を展開していきたいと思います。

園や保育者は、親子にとって安心できる場所であり、保護者が安心して子育てできるパートナーとなることが重要です。そして地域のなかのコミュニケーション拠点としての責任をもち、保育者は子ども理解のスペシャリスト、専門機関として継続して見守り続けていく。こういった支援が、今日の子育ての土台の1つとなってくれるのではないかと考えます。

参考文献
- 遠藤利彦・石井佑可子・佐久間路子編著『やわらかアカデミズム・<わかる>シリーズ よくわかる情動発達』ミネルヴァ書房、2014年
- 厚生労働省「保育所保育指針」2017年
- 全国保育士会編『改定保育所保育指針・解説を読む』全国社会福祉協議会、2018年
- 倉橋惣三『育ての心（下）』フレーベル館、2008年
- 山﨑朋子『子どもがまん中になる子育てと保育――新入園児の親子登園を通して』第31期主任保育士・主幹保育教諭特別講座修了論文、2019年

社会福祉法人 松任中央福祉会
幼保連携型認定こども園 はくさんひかり園
現利用定員：120名

広がり・深まる 保護者が気軽に相談できる場所づくり

CASE
7

「マイ保育園ひろば」

東京都江東区

江東区では、江東区独自の事業として
「マイ保育園ひろば」を区内の認可保育園などで実施しています。
ここでは、江東区がこの事業を始めることになったきっかけと
現在の実施状況などについて紹介します。
今回の取材では、江東区役所保育計画課の橘まゆみ氏、区立亀戸第三保育園の田所真由美園長、区立東砂保育園の松井正子園長と桑原美智代副園長、区立わかば保育園の鈴木茂美園長、に電話でインタビューを行いました。
以下、インタビュー内容を項目ごとに整理します。

「マイ保育園ひろば」の取り組みを始めたきっかけ

①マイ保育園登録制度の成り立ち

江東区におけるマイ保育園登録制度は、より気軽に子育ての悩みを相談することができ、子どもを遊ばせることのできる園を利用者自身で選び、登録することで“かかりつけ保育園”をつくるという制度です。

本制度は、保育の経験や専門性という資源を有効に使い、地域の“かかりつけ保育園”として、大切な乳幼児期にふさわしい養育環境を提供したいとする思いから、江東区が実施した「平成22年度職員提案制度」の最優秀賞の事業化として、2011（平成23）年に公立保育園の園長の副園長の主導により、江東区事業としてスタートしました。

マイ保育園ひろば実施前の地域活動は、1990（平成2）年改定の保育所保育指針解説のなかで、「保育所が持っている専門的な対応機能を発揮し、いわば地域の“子育てセンター的役割”を担うべきである」と記載されたことが挙げられます。これを受けて、同年、江東区の公立保育園は地域を7ブロックに分けて「地域事業」を始めました。当時は各園での地域活動として、「園庭開放」「お話会」「行事への招待」など、地域や園の特性を活かした取り組みを行ってきたそうです。

その後、2011（平成23）年に「江東区マイ保育園登録制度」が発足し、子育て支援地域活動事業「マイ保育園ひろば」の実施に至りました（表5-7-1）。2012（平成24）年度には、園長の代表者が当時、先駆的な取り組みを行っていた石川県に視察に行き、石川県の取り組みから具体的な実践について学びました。その後、少しずつ広がりを見せるなかで、保育関係者を対象とした「子育て支援アドバイザー」の養成も導入し、マイ保育園ひろば実施園に配置す

■表5-7-1　江東区「マイ保育園登録制度」までの歩み

1990年	7ブロック「地域事業」
2009年	在宅子育て支援事業「マイ保育園ひろば」
2011年	「江東区マイ保育園登録制度」発足 子育て支援地域活動事業「マイ保育園ひろば」
2022年	全園（179園）で実施

マイほいくえんひろばのパスポート

ることを江東区独自の取り組みとしています。

実施当初は公立保育園33園でスタートしましたが、区の在宅子育ての支援事業として拡大を進めるなかで、区内の認可園で行う事業となり、現在は認定こども園3園を含んだ179園(2022(令和4)年現在)で実施されています。

②マイ保育園ひろばの具体的な取り組み

マイ保育園ひろばの取り組みは、各園の工夫に委ねられています。園庭開放や子育て相談などは、具体的なプランは各園の特色や周囲の環境などによって、異なっています。「とても面白いネーミングをつけて興味や関心を惹きつけている園もあります」との話もあり、各園の工夫が窺(うかが)えます。

③マイ保育園登録制度のしくみ

在宅子育て家庭の保護者が地域の園を選び、"かかりつけ保育園(マイ保育園)"として登録、登録者にはパスポート(マイほいくえんひろばパスポート)が送付されます。登録は1園のみですが、イベントは登録園に限らず、すべての実施園に参加できるしくみです。

④マイ保育園ひろばでの取り組み

ここでは、各園が行っている取り組みの一部を紹介します。

【具体的な実践例】

園庭開放(園庭であそぼう):月に数回程度設定しており、パスポートがあれば、予約なしで利用可

各園が行っている遊びや行事への参加＝地域活動
- ・子育てに役立つ情報の提供
- ・子育て相談や食育・栄養相談(電話での相談も可)
- ・健康・保健相談(看護師在園の園)
- ・身長や体重の測定(月1回)
- ・園の見学や参観　など

「児童館がお休みの曜日などに利用が多く、参加してくださったときに行事に誘うなどをしてリピーターを増やしました」

施設見学:月に1回程度

「イベントカレンダーを見て来園する人も多い印象です」

食育:園によって実施の方法は異なるが、栄養士や調理員などの専門性を活かし、レシピカードの配布、試食会などを実施

「栄養士や調理員なども積極的に参加し、食べさせ方、進め方、調理方法や栄養相談を行っています」

保健相談会:看護師が発達や保健的な対応を伝授

「看護師が専門的な観点から、首の据わりなどの発達、病気や予防について話してくれると、説得力があるし、誰にも聞けない心配ごとなどを相談する機会にもなっています」

保育参加:在園児の生活をともに体験

「保護者にとっては、自分の子どもと近い年齢の子どもたちの様子がわかる機会となり、例えば、一緒にお散歩に行くと、“こんなに歩けるんですね”といった声も聞かれました」

季節の行事:節分やひなまつり、クリスマス会など

「園で企画している夏や秋のおまつり、クリスマス会など、折々に園で開いているイベントにも参加いただけるように場を提供しています」

その他:園独自の工夫によるさまざまな取り組み

「ベビーマッサージ教室はとても人気があり、資格をもっている職員が対応しています。赤ちゃん体操などもとても喜ばれています。」

私立の園などでも、実に多種多様な活動が実践されているとのことです。

また、来園してくれた親子には、保育者の手づくりの玩具や遊びの冊子などを渡しています。ほかには、おもちゃの作成キットをお渡ししたりしている園もあるそうです。

保護者の方は、“江東区子育てポータルサイト”上にある“保育のイベントカレンダー”を見て、活動内容を確認し、参加されています。

【マイ保育園ひろばフェスティバル】

毎年区内3か所で「マイ保育園ひろばフェスティバル」が開催されています。マイ保育園登録制度の周知拡大と在宅子育て家庭の支援を目的としており、園外で行われるこうしたイベントは、各園の「子育て支援アドバイザー」が運営しています。

イベントの開催、運営を通じて、公立保育所、公設民営保育所、私立保育所、認定こども園のアドバイザーが、「在宅子育て家庭の支援」という同一の目的のために協力し、1つの事業を進める貴重な機会ともなっています。

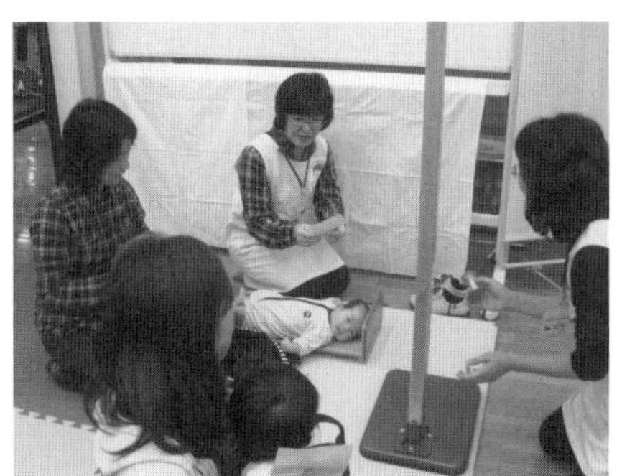

発達相談の様子

マイ保育園フェスティバルの様子

マイ保育園フェスティバルでの1枚①

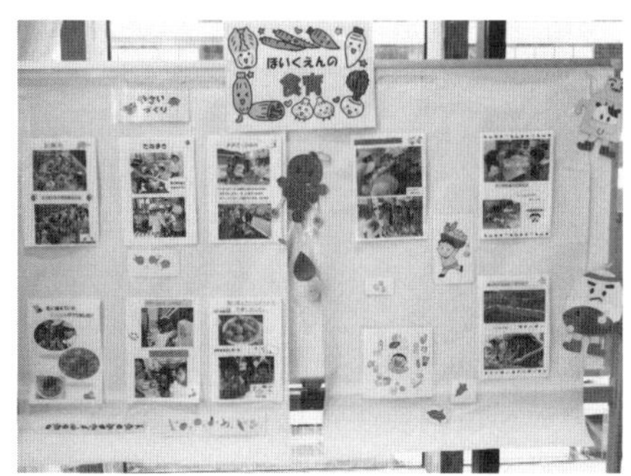

マイ保育園ひろばフェスティバルでの1枚②
食育展示

公立園から私立園への活動の広がり

①現在の体制が整うまで

保育所保育指針の改定をきっかけに始められた本事業ですが、私立保育園の増設が進んでいくなかで、新規開設園では「マイ保育園ひろば」の導入をお願いしています。このことから、江東区の認可保育園として、子育て支援事業にも力を入れていただいています。

「私立の先生方に事業の意義を理解し、実施していただくために、繰り返し説明を行った。職員のなかにも当初は戸惑いがあったが話し合いを重ね、調整を行いながら計画を立てて取り組んだ。職員と話し合い、調整しながら進めた」とのことで、現在の形になるまでには、理解を広げるための地道な努力があったようです。「子育て家庭に対する支援の必要性は常に感じていた」とする保育者の強い思いがあったからこそ実現できたことだと思われます。

②子育て支援アドバイザーの養成及び配置

江東区における子育て支援は、遊び場の提供に留まらず、人材育成という点においても進められています。江東区では、子育て支援地域活動事業を中

マイ保育園ひろばのポスター

心的に行う「子育て支援アドバイザー」[*1]を養成、各園に配置しています。アドバイザーになるには、認可保育園常勤者（職種・経験年数不問）であることと、区が行う年5回の研修を修了することが必須条件となっています。取得者の多くが、主任や副園長であり、確実に後進の育成にもつながっています。

なお、登録者から育児に関する相談があった場合には、適切な機関やサービスを紹介するコンシェルジュの役目も担っています。

③広報活動

この制度については、すべての在宅子育て家庭にまで浸透させる難しさを感じているようです。そのため、知ってもらうための取り組みも進められています。

◆ホームページの充実

先述したように、江東区の子育て支援のホームページは、「マイ保育園ひろば」に限らず、子育て支援の場やイベントなどのスケジュールがわかりやすい構成となっており、時代に合わせた広報が行われています。

◆資料の配布

スーパーや地域の児童館などにチラシを置いてもらったり、園外保育時に

マイ保育園ひろばのイベント資料の配布

プレ登録カード

マイ保育園給食試食会の様子

公園などで、乳幼児を連れている保護者などに資料を配布したりするなど、周知に向けて自道に活動しています。

◆プレ登録制度の推進

出産を控えている方のために、2013（平成25）年からは「プレ登録制度」を導入しています。マイ保育園ひろば実施園一覧から登録したい園を1つ選び、その園でプレ登録用紙を記入すると“マイほいくえんひろばプレ登録カード”が渡され、仮登録できます。出産前にこれからの子育ての不安なことや気になることの相談ができたり、園での子どもの様子を見たり、園のイベントに参加したりすることができるなど、子どもが一緒でなくても“マイ保育園ひろば”を体験することができます。出産後、登録園で本登録の手続きをするしくみです。

＊1：江東区独自の資格で、各園の主任、主幹保育教諭が多く取得している。キャリアアップ研修などとタイアップし、地域の子育て支援について専門的な学びを得た保育者に与えられる。

マイ保育園ひろばの効果

①保護者に対する場の提供

子育て中の母親にとって、保護者同士が顔を合わせ、横のつながりをつくる場でもあります。園に足を運ぶことで、同じ地域に住む親同士の関係性が構築されているようです。また、継続的に通ってくる親子と園の先生方にもつながりができ、「毎月来てくれる親子は、こちらも様子がよくわかり、受け入れがしやすくなる」と話していました。

②保育者の変化として

また、受け入れる保育者側にも変化が見られたようです。「主に担当者が担っていますが、それ以外の職員も配布するポスターを作成してくれたり、ときには来園している親子に対応してくれたりと、折々にかかわるなかで、意識的かつ積極的に職員がかかわるようになっていきました」と話していました。

園のなかでは、副園長や主任が主な担当を担っていることが多いようですが、区全体での取り組みを積み重ねていくなかで、どの職員にも「地域の子育て支援」の大切な場として園を捉える意識が高まっているようです。

③子どもたちの様子から

こうした取り組みによって、園で生活する子どもたちにも変化が見られたようです。「日常の保育のなかではおとなしい印象の女児の新たな一面が見られたということがありました。ふと見ると、来園している親子に近づいて声をかけ、気にかけている様子をうかがうことができ、その子の積極的でやさしい一面が見られました」とのことです。

また、毎月来てくれる親子に対しては、「子どもたちも覚えていて「あ！○○くんだ！」と声をかける様子があった」とのことで、園の子どもたちにとっても大切な一員として受け入れられているようです。

④地域

「江東区の保育園は、出産前からあなたの子育て応援団です！」というコンセプトが徐々に地域に浸透しつつあります。「地域に返していく意識。園庭で一緒に遊んでいるからこそ見えてくることもある。来園してくれた親子には、園庭開放にまたいらしてくださいね、と伝えている。」という声があり、地域の子育ての真ん中に園が位置づけられているようです。

すべての子育て家庭が孤立しないように

課題としては、「在園児の保育、子育て支援それぞれが充実するような工夫」で、「マイ保育園ひろば」の利用者は、お客様ではなく園の大切な園児や保護者の一人という意識で取り組んでいる。片時も子どもから離れられない保護者にとっては、イベント等の参加が息抜きにもなるのではないか」とのお話がありました。

また、新型コロナウイルス感染症拡大の状況下において、「現在は活動を縮小せざるを得ない状況にあるが、方法を模索」しており、利用できる人数を制限したり、「電話の子育て相談に切り替えている。時間帯としては、夕方の15時半～16時半頃が多い印象」とのことで、電話も活用し、子育て家庭が孤立しないような取り組みも始めていました。

インタビューを通し、「マイ保育園ひろば」事業は、信念をもって江東区の保育者が育み、全区内の認可保育園、認定こども園の事業となっていったことがわかりました。立ち上げから時が経ち、広がりとともに実践内容の深まりや時代に合わせたさまざまな工夫も見られるようになったことが窺(うかが)えます。

「今後も地域の保育園の在宅子育て支援の中核として、この「新たな時代」にふさわしい事業展開が期待されている」とされるように、新たな保育の形として、保育実践における子育て支援のあり方として、保育実践の場、保育を支える自治体としても先駆的な実践例として全国的なモデルになることと思います。

子どもたちの
自己肯定と成長を願う
子育て支援

CASE
8

「認定こども園 母の会」

埼玉県さいたま市

創立から75年を経た母の会。
戦後の混乱期、子育てに悩んだ母親有志が幼稚園を設立し、現在に至っています。
その理念は今も変わらない、子どもの自己肯定と成長を願う子育て支援です。

戦後の混乱期、青空幼稚園が誕生

2022（令和4）年5月10日に創立75周年を迎えた母の会の歩みは、文字どおり、地域の子育て支援の歴史ということができます。

第2次世界大戦の終戦直後の1947（昭和22）年、埼玉県浦和本太1丁目の隣組のなかに「母の会」という組織がありました。当時の浦和には、戦火を逃れて東京から疎開してきた人が多く、母の会にもそうした若い母親たちが集まりました。

彼女たちは、終戦後の混乱のなか、子どもたちをどう育てるか、悩みながら取り組んでいました。そのなかから3人の婦人が立ち上がり、子どもたちのため幼稚園をつくろうということになりました。

子どもを育てる幼稚園を自分たちの手でつくる。土地、建物、人材、運営など、どれほど大変なことだったかと思われますが、地域の人たちの支援もあり、文字どおり青空幼稚園が始まったのです。

■ 表5-8-1　母の会の歴史

1947年	浦和母の会附属幼稚園として開園
1960年	財団法人浦和母の会幼稚園となる
1979年	学校法人母の会設立
2008年	認定こども園母の会の認可を埼玉県より受ける
2019年	企業主導型保育施設浦和母の会みんなの家開園

互助会という名前のもとで活動していた母の会。その母の会がつくった幼稚園。そこで行われる保育とは、子どもたちの自己肯定と成長を願った子育て支援だったのです。

その子育て支援を地域の人たちと母親たちが運営し、政治も経済も混乱した社会状況のなか〈だから〉できたとも、〈にもかかわらず〉できたともいえる1つの幼稚園でした。

以来、土地の取得、園舎の建築、保育をする人材とその保育内容など、多くの困難に対して試行錯誤しながら、地域の人たちが協力し合って成長していきました。現在、幼稚園と保育所が一体化された2つの園舎に加えて、企業主導型保育所として乳児施設1つを有しています。

設立から75年が経過した母の会の子育ての理念は、親が求めるものを与える支援ではなく、親自身が考えて試行錯誤するのを見守り、それを支える支援でありたいと考えています。幼稚園、保育所と親の子どもへのかかわり方は時代とともに多様化していますが、そのような理念は、創立当時から持ち続けています。平和への希求、自己実現と他者への愛、地域の老若男女がかかわり与え合って、より良いものをつくりあげたいと願っています。

子育て支援事業のはじまり

◉園庭開放

本園は駅からほど近い住宅地の中にあり、地域に小規模の公園がほとんどなかったことから、1990（平成2）年から園庭開放を始めました（現在の幼児棟、木の家で水曜日午後と土曜日午前の週2回）。2013（平成25）年度に乳児棟の園舎ができてからは、そちらの園庭も土曜日の午前に開放しています。月に1，2回は造形遊び、わらべうたなど、親子で参加できる活動を企画しており、当日でも自由に参加することができます（今は新型コロナウイルス感染症の影響で活動が縮小しています）。

園庭開放に来られる親子は、幼稚園や保育所探しという目的も兼ねており、秋には来園者数が増える傾向にあります。同じくらいの年齢の子どもをもつ親同士のつながりも生まれ、口コミで広がる様子も見られます。先日、園に通う1歳児の保護者が、園庭に初めて遊びに来た同じくらいの子どもをもつ保護者に、園の特徴や率直な感想などを、園職員に代わって語り伝え、積極的に交流していたのは印象的でした。

◉あかちゃんサロン・すくすくサロン
母親を孤立させない

社会問題として子どもの虐待死事件が続くなか、身近な子育て世代からは「自分の子どもになぜそんなひどいことができるのかわからない」という感想がある一方で、「自分もそのようなことをしていたかもしれない」「他人事ではない」という声も聞かれます。

①月刊紙〈かざみどり〉

2016（平成28）年6月から月1回発行し、町内近隣病院、公民館などに配布している。
発行総数200枚。

②園庭開放

場所：たねの家

日時：土曜日9時～12時

内容：親子で登録をして、年齢別の名札をつける

園の屋内、屋外で自由に遊ぶ

子育ての相談に相談員（園の職員）が個別に応じる

テーマを決めて講師による活動に参加する

歌楽器の遊び、絵本の遊び、粘土やものづくりの遊び

参加者：0歳から5歳の子どもの親子

平均12～15組

年間を通して園を公開する場として開放している。

③ランチルーム（2022（令和4）年現在、コロナ禍のため休止）

事前に申し込むことにより、母の会の子どもたちが食べている給食を地域の人（大人子ども問わず）も自由に食べることができる。料金は大人350円、子ども250円。

1日の大半を母親が一人で子どもとかかわるなか、子どもの泣き声や大人の大声が響くと、「近隣から虐待を疑われてつらい」という声もあります。子どもは必ずしも親の言うことを聞くわけではないため、親にとっても思いどおりにいかないという葛藤があり、悩み、イライラを募らせます。子どもの食事や睡眠など、生活全般の不安も尽きません。虐待という現象は、その延長線上にあるのかもしれません。園の周りにそのようなつらさを抱えた母親はいないのだろうかと、ずっと思いめぐらせていました。

そこで2020(令和2)年11月、子育て世代の親が気軽に集まれる場所「あかちゃんサロン」(毎週月曜日の午前に実施、歩き始めの子どもまでが対象)を開設しました。コロナ禍で、周囲の支援センターや図書館などはほとんどが閉鎖しているこの時期に、あえて人が集まる場所をつくることに躊躇(ちゅうちょ)もありました。しかし、出産も立ち会いができなくなり、実家にも帰れない、外出もできないで母子が孤立している今だからこそ、必要な支援なのではないかと考えました。

親と子どもが集う場づくり

あかちゃんサロンが定着しはじめた頃、ハイハイしていた0歳児が歩きはじめるようになり、動きが活発になってきたため、寝ているあかちゃんと同じ空間にいるのが危なっかしく、親同士互いに気を遣っている様子がたびたび見られるようになりました。

そこで2021(令和3)年2月から、少し大きくなったあかちゃんの親子が集う「すくすくサロン」を始めました(毎週木曜日の午前に実施、歩くのが上手になった子どもで未就園までの月年齢が対象)。コロナ禍ということで、予約は1日5組以内にとどめ、検温と消毒、換気などの感染症対策を心がけ、開催を続けました。

あかちゃん連れの母親たちからは、「行き場がなくなってしまったが、ここが開いていて助かった」「ここに来ることでホッとできる」「もっと早く知りたかった」など多くの声が聞かれました。

◉サロンでの活動

前述の両サロンのスタッフは、子育て経験者であり保育者でもある母の会の職員です。初めて来られた方には簡単な個人情報を登録していただきます。保育者や参加者同士で何気ないおしゃべりをしながら子どもと遊び、授乳・寝かしつけなどをします。参加予定の親子がそろった頃合いでその日の活動を開始します。

主な活動内容は、次のとおりです。

①遊ぶ

…絵本の会、音あそび、わらべうた、造形、親子体操、新聞紙やカプラなど物を使っての遊びの紹介など

②生活・発育に関する座談会

…離乳食や睡眠・発達相談や意見交換など

③参加者同士の交流

…参加者から「ゆっくりお茶がしたい」という声が上がり、提案されたティータイムやおしゃべりの会、アロマの会など

いずれも園の保護者や、職員でありその道の専門家である助産師、楽器奏者、造形講師、歯科医師、園の給食づくりに携わっている調理師、アロマセラピストなどが担当します。

「絵本の選び方は？」「おもちゃを舐めてしまうけどいいの？」「出汁ってどのように取ったらいいの？ 子どもにとってちょうどいい出汁の濃さは？」「離乳食を始めるタイミングは？」「卒乳のタイミングは？」「あかちゃんにも

体内時計ってあるの？」「今までよく寝られていた子が最近寝られなくなった。どうして？」など、さまざまな質問を気軽にすることができる場となっています。

活動内容は開催の2か月前に企画し、ホームページや毎月発行している「かざみどり」に記載して、地区の公民館、病院や産院に置かせてもらっています。

参加した親たちが、ほかの支援センターや遊び場で出会った人にも声をかけています。なかには、子育て情報を交換するLINEのグループに所属している人もおり、そこで、サロンの活動と率直な感想が拡散されたことで、現在は新規の方を含め、毎回5～8組くらいの親子が参加するようになっています。

◉子育て支援の具体例

両サロンは、開始から2年半で登録者数が110名を超えました。そのなかから、この2年間で10名近くが当園に入園しました。参加者の居住地は主に園周辺ですが、なかには隣接市から公共

交通機関を乗り継いで参加している親子もいます。

コロナ禍で軒並み園見学会が中止になっていた最中、実際に園を訪れ、園の雰囲気を気に入って、引き続きサロンに通うようになった方も多くいらっしゃいます。ここでは、そうした活動のなかから印象的な事例を紹介します。

調理師による離乳食相談

参加していた母親が「うちの子は野菜を食べない」と悩んでいました。そこで、その日の担当で園の給食づくりに携わっている調理師が、人参を出汁だけで煮たものを持って来ました。それを母親に紹介していると、野菜嫌いのはずのその子どもはじっとそばで見ていたかと思うと、調理師に手を差し出してきたのです。

そこで人参を渡すと、その子どもはすぐに口に入れ、さらに器に手を伸ばしておかわりの催促！ 母親はわが子の意外な姿に驚き、目に涙を浮かべていました。自分の調理がうまくないのかとつぶやく母親に、時間的にもおなかがすいてきたところで、いつもと違った雰囲気も加わって、食べてみたくなったのではないかと伝えました。母親は、雰囲気で子どもがこんなに変わるんですね、と笑顔に変わっていました。

そのほか、調理師から、離乳食をつくることにあまり時間をかけず手を抜くことも大切であることが伝えられ、大人の食事の調理過程からの離乳食づくりなど、母親に負担がかからない食事レシピが紹介されました。また、子どもだけを先に食べさせるのではなく、大人も一緒に食卓を囲むと、子どもは食べることが楽しいと思えて、食べることが好きになるという助言もありました。

助産師による発育相談

初参加の母親は、仰向けでいつも一方向しか向かない5か月のわが子の頭

の歪みを気にして相談に来ました。助産師からは、うつ伏せの補助の仕方を教えてもらい、その後も、毎回うつ伏せやお座り、抱っこやおんぶ、睡眠など、大人の正しいかかわり方とその根拠、発育への影響などについて指導を受けました。

2か月ほど経って久しぶりに参加したその子どもは、上手にうつ伏せができるようになり、高這いをしはじめていました。頭の形もよくなり、何よりも母親が明るい表情になっていたのが印象的でした。

絵本や音あそび

絵本を読んでもらう経験は大人にとっても心地よいものです。赤ちゃん向けの絵本から少し大人向けの絵本までを選んで、ゆったりと見ていただきます。なかには「子どもの頃に読んだ、懐かしい」という感想も聞かれます。

音あそびのときには、リズム楽器や鍵盤・弦楽器など、いろいろな楽器の音にも触れることができます。絵本「たいこどん」とダラブッカという打楽器のコラボでは、言葉と音のリズムを楽しみました。園の絵本は貸し出しも行っており、家に持ち帰って家族で楽しむこともできます。

それぞれの講師の話のなかには、自分が子育てをしているときにうれしかったこと（近所の方とのおしゃべりでストレス発散できた、子どもが近所のお宅にお邪魔した際にとてもよくしてもらったなど）やつらかったこと（とにかく寝たかった、好きなときにトイレに行けなかった、手抜きできずつらかったなど）の経験談も盛り込まれ、その都度参加者と一緒に盛り上がっています。

子育て支援の広がり
サロンと保育所との連携

ある日のサロンで、産後の腰痛がひどく病院に行きたいが、子どもの預け先がないので通院が叶わないと話すSさんの声が聞かれました。Sさんはサロンに何度も参加している方であり、生後7か月の子どもは園の場にもスタッフにも慣れていて笑顔で過ごしていたことから、子どもを預かる提案をしました。

Sさんは喜んですぐに整体院の予約を取り、翌週から週1回、2時間ほどの一時預かりを利用して通院しはじめました。その後、Sさんは腰痛も楽になったと言い、明るい表情が戻ってきました。サロンと保育所との連携によって新たな可能性を感じた出来事でした。

マタニティママの参加

先日、第1子で妊娠5か月の母親が保育所探しを目的として見学に訪れ、そのままあかちゃんサロンに参加されました。最近は、妊娠がわかった段階から夫婦で保育所探しを始めることが多いようです。

その母親は、周りの参加者の様子や子どもの様子を見聞きしていました。ほかの参加者から生後2か月の子どもを腕に渡されると「こんなに小さいんですね」と、ぎこちない手つきで抱っこしていましたが、赤ちゃんがすぐに大泣きしたので、母親に返し、その後の様子を笑顔で見守っていました。

周りの参加者からは「自分も出産前に赤ちゃんを抱っこする機会をもちたかった、うらやましい」という声が上がりました。初めて授かった命を感じながら、さまざまな月齢の赤ちゃんに接することができるのも、サロンならではの体験だと思いました。

育休中の父親とMちゃん（生後10か月）

母親は一足先に仕事復帰をしており、その日は母親から保育所見学を兼ねて行ってくるように勧められて、父親と10か月のMちゃんがサロンに参加されました。周りの母親たちは父親の育休に興味津々で、盛んに質問して盛り上がっていました。

話を聞くなかで、Mちゃんが、1日中父親の抱っこ紐の中で過ごしていることを知りました。あと2か月もすれば1歳になるのですが、表情が乏しく笑顔はほとんど見られませんでした。また、抱っこから降ろされたらそのままじっと座っている様子も気になりました。

スタッフがMちゃんにかかわろうとすると大泣きし、父親に抱っこを求めるので、また黙って抱っこ紐の中に収められます。これ以上のかかわりを父親に求めることは難しいように思い、園の一時預かり利用を勧めてみました。両親は喜んですぐに手続きをしました。

登園してきたMちゃんは、自分から動こうとはせず、ずっと泣いていました。スタッフが、Mちゃんが自ら動き出すように働きかけ、かかわり続けると、少しずつ変化があり、2か月ほど経つと、遊びに加わってくるようになりました。

また、Mちゃんは咀嚼（そしゃく）がうまくできていないことがわかりました。 まだ給食の提供ができなかった日、家から弁当を持参されたのですが、その中に入っていた1cm角ほどの食材を手でつかみ口に入れた途端、喉に詰まらせて窒息しかけてしまいました。保育者のとっさの判断と処置で事なきを得ましたが、口の動きをよく見ているとうまく咀嚼（そしゃく）ができていないことがわかりました。そこで、翌日から給食に切り替えて、離乳食のやり直しを始めるとともに、家庭での食事の確認・助言を行っていきました。

子どもとのかかわりに限界を感じる母親

初めて参加したときのCちゃんは、2歳になるのにまだ声も出ず、とにかくよく動き回るという印象でした。母親はCちゃんへの声がけがほとんどなく、暗い表情でした。

ある土曜日の園庭開放で、この親子が来園したとき、父親が子どもの動きについて回り、母親はテラスにずっと座ってスマートフォンをいじっていたのを思い出しました。その後、サロンに何回か参加しているうちに、ほかの参加者と明るくおしゃべりするようになりましたが、あるとき、帰る間際に「Cとかかわるのが大変で、家に2人でいるのが苦痛なんです。もっと早くにこのサロンを知りたかった。仕事をすることにしたので、来月から保育所に入れて、サロンに来るのは最後になります」と言われました。そして親子はサロンを卒業されました。

母親が子どもとのかかわりに限界を感じていたことに保育者が気づかず、他園に行くことになったCちゃん親子。保育所が子育てに一緒にかかわり、子どもの成長を丁寧に伝えていくことが保護者を育てることにつながると思いますが、直接かかわり続けることができなかったことは残念でした。

◉SOSを発信することが難しい保護者に対して

子育て支援にもいろいろな形がありますが、何を支援するかによっては、保護者へのサービスに偏ってしまう場合もあります。私たちは、子どもが健全に育つための援助を考えなければなりません。子どもに一緒にかかわることで子どもの表情や仕草、成長、さらには子どもとかかわることって楽しいと思えるようなエピソードを保護者に伝え、一緒に喜び合うことが、保護者として成長できるきっかけになると思います。

母親が産後の身体の不調を抱えながら、子どもの泣きや不調の悩み、外部からの摩擦とそこからくる葛藤など、わが子との関係にまで影響が及ぶ問題と向き合うには、周囲からの支援が必要でしょう。

子どもの動きが気になり、「危険で目が離せない」「言葉が出ないし話も伝わっていないようなので、発達が遅れているのではないか不安」「いつも不機嫌、怒ってるか泣いているかのいずれか。物を投げるし、乱暴だし、どうにもならなくて困ったときには、スマートフォンでYouTubeを見せると落ち着くのでつい頼ってしまう」などと相談される場合もあります。また、「孫が言うことを聞かず、母親が子どもとかかわろうとしないため、自分が1日中面倒を見ているが体力的に限界だ」と祖母が相談に来られたこともありました。

わが子との向き合い方がわからず、動画や子ども向けサイトを頼ってしまうという話はよく聞かれますが、場合によっては、それらは単なる便利なおもちゃになってしまいます。そして、それが子どもにとって良くないということはほとんど認識されていないのが現状です。

子どもとは、スマートフォンなどの機器を介してではなく、直接触れ合い、遊びを楽しめるように、遊びや生活の提案をしていく必要があると思います。子どもの様子を見たうえで、時には専門機関への相談を勧めることも必要でしょう。いろいろな親子と出会うなかで必要な援助が届けられるように、行政や相談窓口との連携が必要だと思います。

保護者が悩んでいることを口に出せる場、指導的な姿勢ではなく、よく話してくださったね、大丈夫、一緒に考えていこうという姿勢が大切です。なかには、自らSOSを発信することが難しい保護者もいます。さまざまな機関と連携を図りながら、子育て支援の輪を広げていくことが今後の大きな課題だと考えます。

①木の家

②たねの家

③みんなの家

認定こども園 母の会　木の家（満3～5歳児）
定員:95名
認定こども園 母の会　たねの家（1～2歳児）
定員:30名
企業主導型保育所　みんなの家（0～2歳児）
定員:12名

県の子育て支援を牽引 ——親子ともに「ほっとできる」場を提供する

CASE 9

社会福祉法人 泉の園 「認定こども園 風の丘」

千葉県松戸市

保育所による子育て支援の創成期から携わり、
千葉県内の子育て支援を牽引してきた社会福祉法人泉の園。
同法人の運営する認定こども園 風の丘は、子育て支援センター事業や一時預かりを通して、
地域の子育て支援の中核を担っています。

子育て支援モデル事業スタート
―― その頃の社会事情

1993(平成5)年に国の「保育所地域子育てモデル事業」[*1]が開始され、「さかえ・こどもセンター」は千葉県で最初の子育て支援センターとなりました。当時は閉鎖的な保育所が多いなか、さかえ・こどもセンターの母体であるさかえ保育園では、夕方や土曜日には園舎で「はり絵の会」や「童謡を歌う会」などを開いたり、卒園児中心の子ども会をつくったりしており、積極的に地域貢献をしていたことなどが評価され、子育て支援を始める保育所として選ばれたようです。

まだ「子育て支援」という言葉を耳にすることはほとんどなかった時代です。知識も経験もなく、保育者も「子育て支援って何？」とわからないままスタートし、小さな2階建ての家を建てて『さかえ・こどもセンター』と名づけました。園庭には遊べるオープン・スペースを設置し、電話相談や「育児メール」と称して子育て情報を送ることなどを行っていました。

地域の親子が園に遊びに来ると園児の反応はどうなのか？ など、保育者も想像できないなかでのスタートでした。もちろん地域の方も同様です。保育所で遊べるの？ 入園する予定はないのに行ってもいいの？ どんなところなの？ など未知なところへ行く不安を抱いており、お互いに戸惑っていたといってよいでしょう。

＊1：保育所地域子育てモデル事業…保育所における地域の子育て家庭への支援の発端となった事業。のちに地域子育て支援センター事業に名称が変更された。

告知活動とその成果

まずは、市の広報に子育て支援センターの開所と電話相談の受け付けを掲げました。また、地域の方々に子育て支援センターの存在を知ってもらい、足を運んでもらおうと、チラシを持って公園に出向き、遊んでいる親子一人ひとりに声をかけました。すごく勇気のいることであったのを覚えています。

来所した方のなかにはリピーターとなってくれる方もおり、子育て支援センターが少しずつ親子の居場所となっていきました。また、支援センターの存在を周知させる目的もあり、当初から近隣の公園に出向き(アウトリーチ)、ペープサートやパネルシアターなど、お話や遊びを提供する場もつくっていました。

◉母親の息抜きの場として

子育て支援センターの必要性を実感した事例をお話しします。

2歳の男の子と母親は、毎週子育て

支援センターに遊びに来ていました(当時はフリーで遊べる日は週1回)。男の子はおままごとやブロック遊びが大好きで、いつも母親に相手をしてもらって遊んでいました。

あるとき、センターで使用する画用紙を裁断機で切る作業を母親にお願いしてみました。その間、子どもは私とおままごとをして過ごしました。同じ部屋での作業ですが、母親はザクッ!ザクッ!と音を立て画用紙を数回切ると、「楽しい!」「紙を切るのってこんなに楽しいんですね」と声を上げたのです。

実は、男の子は家でも母親にずっと遊び相手になるよう求めており、母親はそれに疲れていたのです。久しぶりに子どもを気にせず、まったく違うことができることの喜びを話してくれました。改めて母親が親子2人の時間に縛られていることを知ることで、少しでも親子ともに息抜きができ、ほっとできる時間が必要であり、支援センターをそのような場にしていきたいと思いました。

以来、保護者にはいろいろとお手伝いをしてもらう機会を積極的に取り入れるようにしました。それは、保護者にとって、ちょっとですが自分が社会に貢献していることを実感する瞬間でもありました。

◉「保育園は可哀想な子どもを預かっている」という誤解

もう1つ、ショッキングな事例があります。保育所を利用していない地域の保護者が、どのように保育所を認識していたのかを知ったときのことです。

センターに通って1年になる0歳と2歳の子どもの母親が話してくれました。保育者と信頼関係ができていたから話してくれたのです。

「先生、公園で保育園の話題はタブーですよ。保育園という言葉を口にすると『幼稚園でしょ』とすぐに訂正が入ります」

私は一瞬、言葉を失いました。さらにこう続きます。

「保育園は可哀想な子どもを預かっているところ。母親が働かなければならないのよね」と話されているというのです。その母親は、「実は私も、センターに来るまでは同じように思っていました。そういう子どもたちをただ託児しているところだと。でも、実際にここへ来て、それは違うことがわかりました。それどころか、子どもたちがすごく育っていて、感心することばかりです。働いていなくても入れるのなら保育園に入りたいと思いました」と言いました。

私は悲しさと怒りを覚えました。保育園児のどこが可哀想なのでしょうか、どこが貧しいのでしょうか、保育者の仕事はそんなふうに思われていたのでしょうか…。確かに、その頃の保育所は地域への開放などは少なく、閉鎖的な場所ではありましたが、地域の方にそういう目で見られていたのかと思うと、悲しくなりました。そして、園児の名誉のために、自分の保育者としての誇りが、地域に保育所の真の姿や良さを知らせなければと思い、子育て支援センターの仕事に熱が入っていきました。

子育て支援の広がり

◉市内の保育所への広がり

さかえ・こどもセンターでは、市内の育児相談を受けていますが、市内といっても広く、自宅からこどもセンターが遠い方もいます。相談がてら一度は足を運ぶ方もいますが、遠くてそうそう何度も来られません。「近隣の人はいいな〜。いつでも行けるのよね」との声も聞かれました。そこで、まずは支援の場を市内に広げていこうと考えました。それが、先駆的に始めた者が果たすべき役割だと考えました。

子育て支援センターを増やすことは難しいですが、保育所が地域の親子が遊びに来られる場所となってくれたならと考え、市内の保育所のホールを会場として貸してもらえるように交渉しました。

まずは、園長同士が顔の見える関係である民間の保育所に相談し、承諾をいただいた園を回りました。園の先生には事前にポスターの掲示、当日は会場準備と受け付けを手伝ってもらい、遊びとサロンの形式を取り入れ、支援センターのメンバー2名で展開しました。お話（ペープサートやパネルシアターなど）や手遊びなどで、親子と楽しい時間を過ごし、その後グループに分かれて、おやつを食べながら親が子育ての話をするサロンの時間を設けました。どこの園も地域の親子が40〜60組集まってきました。その人数の多さに驚くと同時に、地域の親子のニーズの高さを実感しました。

また、市内には公立保育所も多くあるので、そこにも支援の場を広げようと、市の保育課と公立園に行き、交渉しました。その結果、1つの園に承諾をいただき実施したところ、多くの親子が訪れました。

しかし、なかには反対する保育者もおり、「（ニーズの高さを受けて）必要なのはわかったけれど、うちの園でやらなくてもいいわよね」と捨て台詞のように言われたことを覚えています。公立保育所に広げるのは簡単なことではな

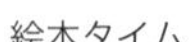
絵本タイム

0歳児のオープンスペース

く、公立全体で検討せず、1園で先走って実施したことに対する他園の園長からの抗議もありました。その後、話し合いをし、全園に説明したうえで再スタートとなりました。公立の強みは、実施が決まると全園で取り組むことです。実際には全園が実施とはいきませんでしたが、協力園は広がり、市内の保育所に子育て支援の活動を広げていきました。

◉県内での組織づくりと全国のセミナーの取り組みへ

子育て支援センターが県内に4か所(市川市、松戸市、木更津市、八千代市)が設置されたタイミングで、園長と担当者、さらに行政が加わり、一堂に集まりました。子育て支援センターの数もまだ少なく、方向性も模索中でした。それぞれのセンターの活動の情報交換と、お互いの悩みや働きを励まし合う会であったともいえます。

その積み重ねから、千葉県子育て支援担当者会議へと発展していきました。情報交換だけでなく、各市を行政と視察する企画や、事例発表など、子育て支援のさまざまな研修を企画し実施しています。さらに、県内の保育所に広げる啓蒙活動も行ってきました。現在は、保育協議会の特別委員会となっています。そして、その活動は全国へと広がっていきました。

子どもを預かる子育てボランティア「アンティ・マミー」

◉「子どもを少しの時間預けたい」という声に応える

1997(平成9)年、子育て支援センターを利用している方にアンケートをとったところ、自由記述欄に9割以上が「ちょっとでいいから、子どもを安心できる人に預けたい。自分の時間がほしい」といった主旨の内容を書いていました。

この声を受け止め、どうしたら実現できるかを考えていると、労働省(当時)が男女共同参画社会をうたい、女性の社会進出を応援した「ファミリー・サポート・センター」事業を実施していることを知りました。まさに子どもを預かる事業です。しかし、子育て支援センターのある市では、同事業が活用されていませんでした。

そこで市に相談に行くと、当時の部長(女性)が、自分も仕事を続けていくのに苦労していると、子育ての大変さを受け止めてくれて、市内で実施できるように進めることになったのです。ただ、準備や申請など、実施までには少なくとも1年はかかることを告げられ、その間にできることがないか再度検討しました。

保育所は子どもを預かるところですが、保育者も部屋も余裕はありません。そこで、“地域の力を借りよう”と考え

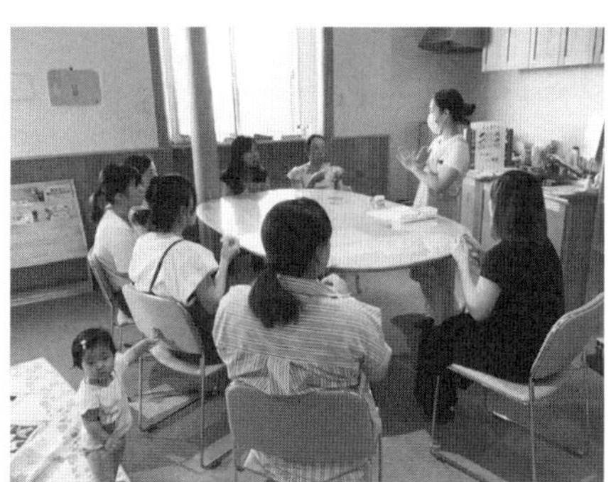

「アンティ・マミー」養成講座の様子

ました。市の広報誌に子育てボランティア養成講座の案内を掲載すると、市内の10名程度が応募してくれました。

「アンティ・マミー」とは、「お母さん(英:Mammy)みたいな隣のおばさん(英:Aunt)」という俗語で、子どもを預かる子育てボランティアのことです。身近に「お母さんみたいな隣のおばさん」がいて、子どもの育ちを見守り、成長をともに祝福してくれることで、親にも子どもにも目に見えない豊かなものが残っていくように思います。1人で頑張らなくてもいいよと息抜きタイムをプレゼントしてあげる。そのような支え合いの輪が少しずつ広がり、恩送りの循環がつながっていくことを願いました。ボランティアのアンティ・マミーさんにとっては、幼子の命に触れ、元気の「気」をもらい、ほっとしたお母さんの「笑顔」を頂く活動です。

「アンティ・マミー養成講座」は、ファミリー・サポート・センターと連携しており、協力会員の基礎研修としても代用できます。

実際の活動は、主に1～3歳の子どもを2時間お預かりしています(2021(令和3)年より、当こどもセンターでは0歳のみを対象として実施しています)。

◉「子どもを預けてはいけない」と考える保護者に対して

子どもを預けたいという声から生まれたにもかかわらず、いざ始めると預けることに躊躇(ちゅうちょ)する方が多いことに驚かされました。「母親なのに、育児放棄なのでは…」「子育ては母親がしなければいけない、自分の時間なんて…」と抵抗(罪悪感)を感じているのです。まさに、子育てを1人で背負っていました。そこで、子どもを預けることは悪いことではない、むしろ親以外の人に愛される経験は子どもの心が豊かになること、お母さんも少し子どもと離れることで、子どもをより愛おしく感じ、子どもにやさしくできることなどを伝えました。そして、何よりお母さん自身が元気でいることが大切であることを話し、背中を押しました。

当時ほどではありませんが、現在も同じように「子どもを預けてはいけない」と考える保護者がいます。子育ては一人ではできない、家族だけでもできない、いろいろな人がかかわり、助け合っていくものであるということを伝えていくことが私たちの役割だと痛感するとともに、社会にももっと広がってほしいと思います。

アンティ・マミー

「子どもが生まれて以後、初めてゆっくりコーヒーを飲みました」「大好きな読書をしました」と自分の時間をつくっている人や、「一人で買い物をしたら、ゆっくりと店内を回ることができました」「やりたかった片づけができました」「銀行などの用事をさっと済ますことができました」「歯医者を受診しました」と家事や用事を済ませる人など、利用者の声はさまざまです。迎えに来たお母さんを見て泣く子どもが愛おしく、お母さんが涙することもあります。そして、その姿をやさしく温かく見守り、一緒に涙するアンティ・マミーがいます。保護者のなかには「わが子を愛おしく思う人が家族以外にもいることを知ったとき、胸が熱くなった」と語る人もいます。

本活動はその後、市内の子育て支援センターで展開されていきました。形ややり方は違っても、この活動を地域に広げ、子育て中の親子と地域の人がつながり、子育てをする環境をつくっていきたいです。

保育所で展開する子育て支援センターの意味

子育て支援センターが保育所に併設されているのは、子育て中の親子にとって必要なたくさんの資源があるからです。だからこそ、保育所が積極的に子育て支援を展開するべきでしょう。

◉保育所の資源とは

保育所が子育て支援を展開する理由の1つ目は、0歳から5歳の大勢の子どもがいることです。親は、わが子と同じ年齢の子どもの姿を見ることができ、いろいろな子どもの育ちがあることを知ります。年上の子どもの姿からは、発達の先の姿を垣間見ることもできます。一方で子どもは、ほかの子どもとかかわり、たくさんの遊びや体験と出会います。年上の子どもをまねて挑戦して可愛がってもらったり、また、小さい子どもを可愛がり、お世話をする機会となります。これらは、疑似兄弟体験です。

2つ目は、遊ぶ環境です。園庭には安全な固定遊具や砂場があり、部屋にも年齢に応じた遊具があります。園児た

保育所の資源を子育て支援に有効に活用する

ちはそこでいろいろな遊びを展開しています。子どもたちや保育者が遊びや子どもとのかかわり方のモデルになっています。

3つ目は、保育士、栄養士、調理師、看護師という専門職がいることです。そのため、親は安心して子どもの発達や健康について相談することができ、子どももまた、直接なかかわりのなかで援助してもらうことができます。つまり保育所は、子育て中の親子にとって、「身近な遊び場所」であり「相談の場所」であり、「園児や保育士とかかわることのできる場所」なのです。

保育所の子育て支援は、子どもや保護者にも、さまざまな良い影響を与えてくれます。子どもは、地域の親を遊びに巻き込み、保育者のように遊び相手になってもらったり、自分ができることを披露してほめてもらったり、困ったときには助けてもらったりもします。また保育者にとっても、送迎では見られない親子の姿からいろいろな気づきがあります。支援を行うなかで、親の子どもへの愛情の深さに触れ、大切な子どもを預かっていることを再認識し、保育者の自覚や責任を改めて見つめなおすことができます。また、親の悩みや葛藤を知り、保育のあり方を見つめたり、子どもへのかかわりを探ります。何といっても支援を通じて子どもがもつ力を改めて感じ、子どもへの尊敬や魅力が見出されます。

地域の方から信頼され、保育所の価値が上がることで、助け合う関係へと発展していきます。本当に、お互いにとって“いいことだらけ”なのです。

社会福祉法人泉の園　認定こども園風の丘

定員:65名
併設:風の丘・こどもセンター(委託事業)、はるじおんの丘(一時預かり)

地域の子育ての拠り所として

児童福祉法の改正により「子育て世帯に対する包括的な支援のための体制強化及び事業の拡充」として、身近な子育て支援の場である保育所等の相談機能の整備が示されました。本章で紹介する事例は、在園家庭はもちろんのこと、子どもが園に通う家庭以外の地域の子育て家庭にとって、保育所や認定こども園がいわば「かかりつけの相談機関」として、子育ての拠り所となるよう各園が創意工夫に努めてきた実践事例です。

親子で安心して通う マイ保育園・親子登園

はくさんひかり園は、石川県でかねてより実施されている「マイ保育園登録制度」の取り組みを長年行っています。その経験を踏まえ、入園に際して親子がともに園に慣れていくことが期待できる「親子登園」を始めました。親子登園により、子どもだけでなく保護者自身も安心して園を利用することができています。

マイ保育園と 子育て支援アドバイザー

江東区の公立保育所から始まった「マイ保育園登録制度」は、現在、区内の公立・私立の認可保育所・認定こども園で広く実施されています。区が区の保育者を「子育て支援アドバイザー」として養成することにより、子育て支援の担い手として育て、実践の場と自治体が両輪となり、地域の子育て家庭を支えている点が特徴です。

親が試行錯誤する姿を 見守る子育て支援

認定こども園母の会は、母親たちの手で生まれ、まさに地域で育まれてきた園です。あかちゃんサロン・すくすくサロンを通して、保護者の子育ての悩みを受け止めながら、丁寧に寄り添い、保護者自身のエンパワメントを大切にしています。

子育てボランティア 「アンティ・マミー」

認定こども園風の丘は、千葉県内で先駆的に子育て支援の取り組みを始め、県の子育て支援を牽引してきました。ファミリーサポートセンターの協力により、子育てボランティア「アンティ・マミー」を養成し、地域資源を活用した地域丸ごとの子育て支援を実現しています。（堀　科）

第 6 章

子育て家庭への さまざまな取り組み

④ 多様なニーズに応えるⅡ

CASE 10 外国にルーツのある子ども・保護者の受け入れ／横浜市北上飯田保育園（神奈川県）

CASE 11 医療的ケア児の受け入れ／特定非営利活動法人こどもコミュニティケア（兵庫県）

CASE 12 生活療育によるかかわり／山東こども園（熊本県）

CASE 13 巡回相談・関係機関との連携／西宮市こども支援局子育て事業部（兵庫県）

CASE 14 緊急保育／東京都北区（東京都）

CASE 15 子育てホームヘルパー／カナン子育てプラザ21（香川県）

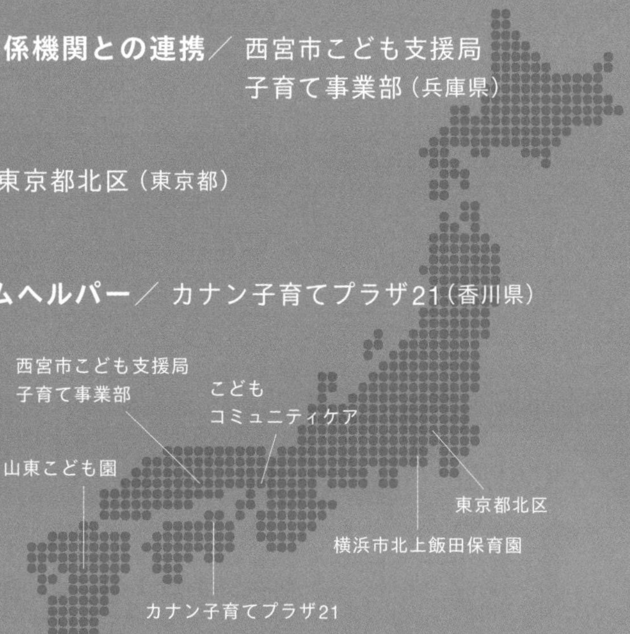

外国にルーツのある子ども・保護者とともに保育を創る

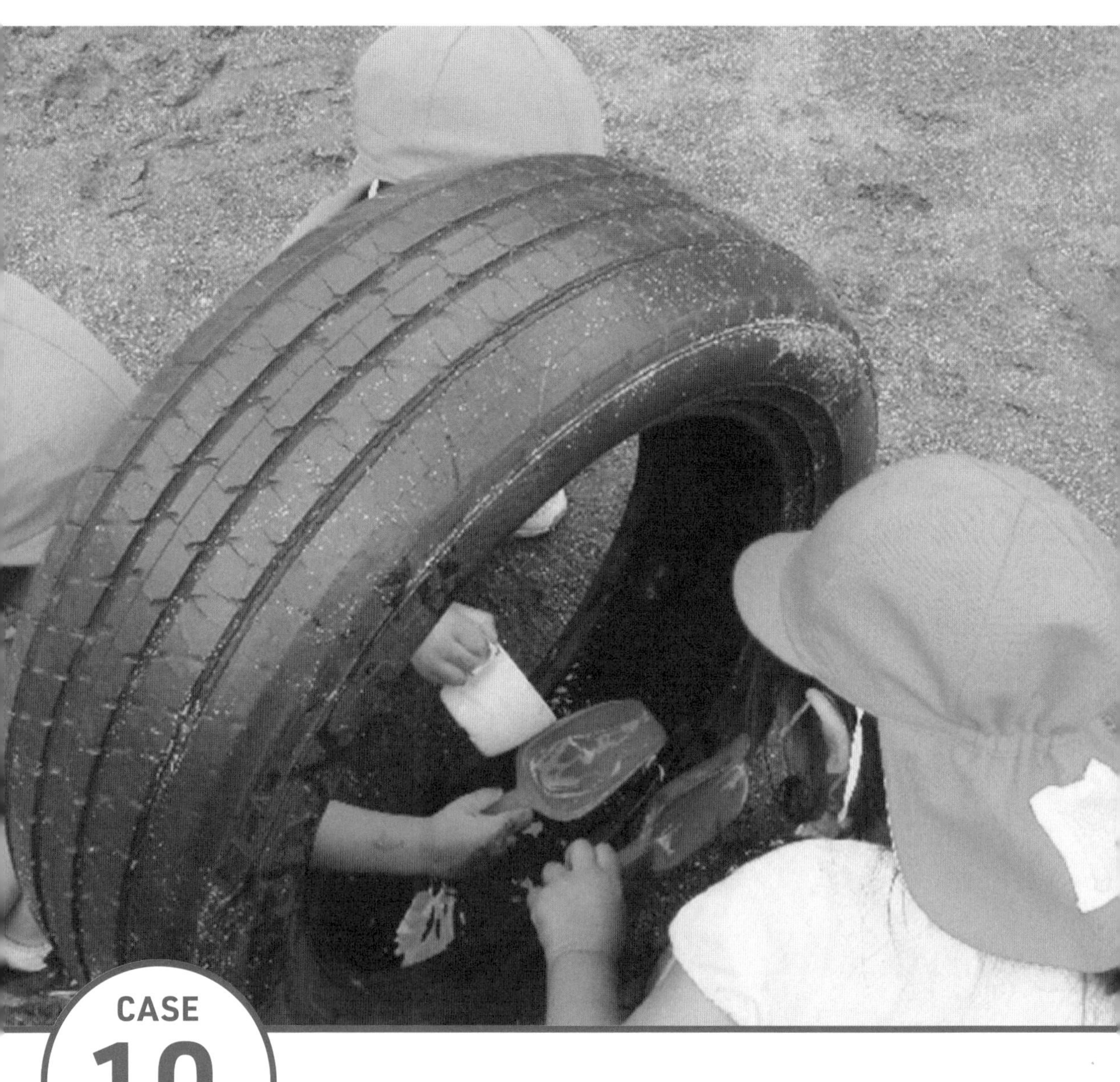

CASE 10

「横浜市北上飯田保育園」

神奈川県横浜市

横浜市北上飯田保育園の周辺地域には、在留外国人が多く住む団地があり、以前から外国にルーツのある子どもの入園が多くありました。
ベトナム・中国・カンボジア・タイ・ラオス・ペルー・バングラデシュ・ブラジルなど、さまざまな国の子どもが日本の子どもたちと一緒に生活する、国際色豊かな保育園です。

半分を占める外国にルーツのある園児たち

コロナの影響で帰国者が増え、2022（令和4）年8月現在、62名の入園児（定員77名）のうち、外国にルーツのある子どもは35名います（全体の56％、2019（令和元）年12月は、全体の81％が外国にルーツのある子どもでした）。

さまざまな国籍の子どもが入園しているため、遊びを通して、互いに違いを認め合うことを大切にし、子どもが自ら発見したり、生命の尊さをともに感じたりすることができるよう、さまざまな体験や人とのかかわりの機会を設けています。

行事などは、プール、七夕、運動会、おたのしみ会、節分、桃の会（ひなまつり）など、日本特有のものも行っています。

コミュニケーション

園では日本語で会話をしていますが、その場では、話している内容が子どもや保護者に伝わったように見えても、本当に伝わったかどうかはわかりにくいことが課題です。特に保護者は、言葉などの伝達手段に加えて、文化理解や日本に来たときの環境の変化に対する戸惑いなどがあります。保育中の子どものケガなど、しっかり状況を伝えなくてはいけないときに、通訳などがいないことで、状況をうまく伝えられないことがありました。

そのため、泉区の事業として、ベト

4か国語で掲示された保育理念など

ナム語・カンボジア語・中国語の通訳の派遣を行っています（かつてはラオス語の通訳なども派遣されていました）。通訳は、日常的な通訳のほか、クラス懇談会の際の通訳やお便りなどの翻訳にも協力してもらいます。また、同時通訳をするために、懇談会は国別に行うなどの配慮もしています。そのほか、保護者から相談があったときには、その内容を園にも伝えてくれます。また、個人面談にも同席してもらっているので、園側に保護者が伝えたいことを教えてくれることも多くあります。

食文化の違い

その国ごとに食習慣に違いがあり、日本の文化（ミルクや食事を段階的に進める離乳食など）に対して驚く保護者もいます。

園では、必要に応じて宗教食に対応していますが、食事の内容を伝え合うために、たとえば離乳食は、写真や絵を使うだけでなく、数か国の言語で、進め方の説明を示しています。どのような食事を摂ったことがあるか、朝は何を食べてきたのかなど、翻訳された表を使って聞き取りをします。

食や子育てに関しては、その国の文化背景の影響が大きいので、その国の文化を理解したうえで、まずは否定せず、受け止めるように努めています。必要があれば個人面談を行い、通訳を介して説明することもあります。

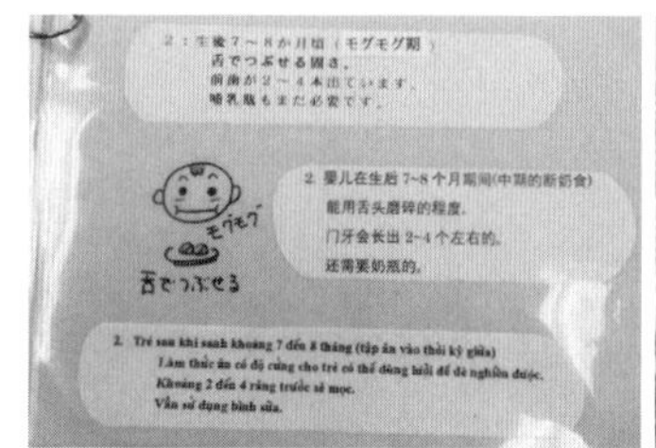

離乳食の進め方に関するカード

子どもの個人差への対応に関する課題

子ども一人ひとりの状況が異なり、同じ年齢であっても生活の仕方や遊びなどの経験に違いがあります。そのため、クラスとしても園全体としても、日常の保育については個別対応が中心となることが多く、保育の難しさを感じることもあります。子どもや保護者とのかかわりについて悩んでいる場合は、職員同士で情報共有し、対応や保育内容について、園全体の課題として

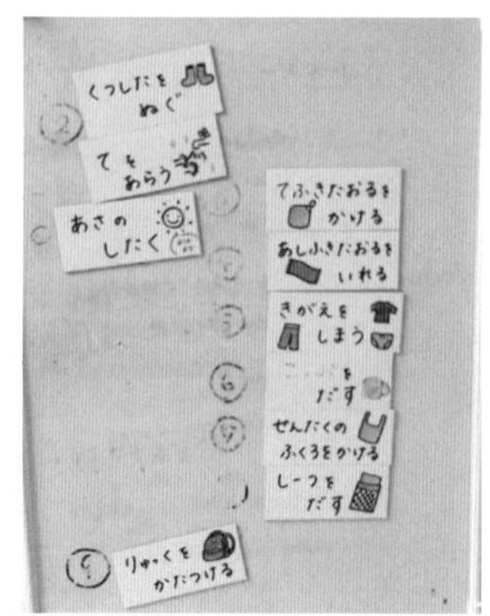

生活の流れ

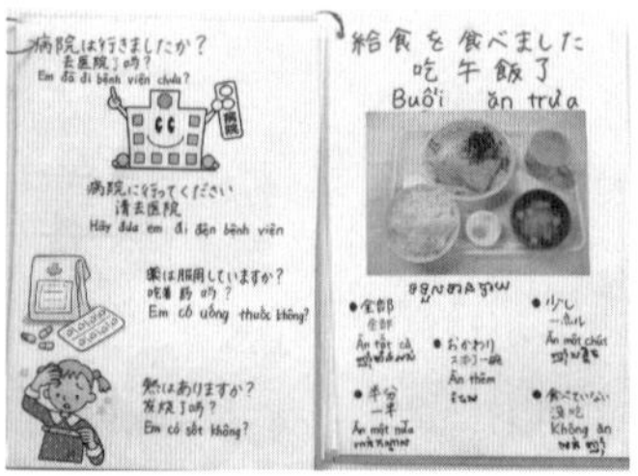

日々の連絡に使用するカード

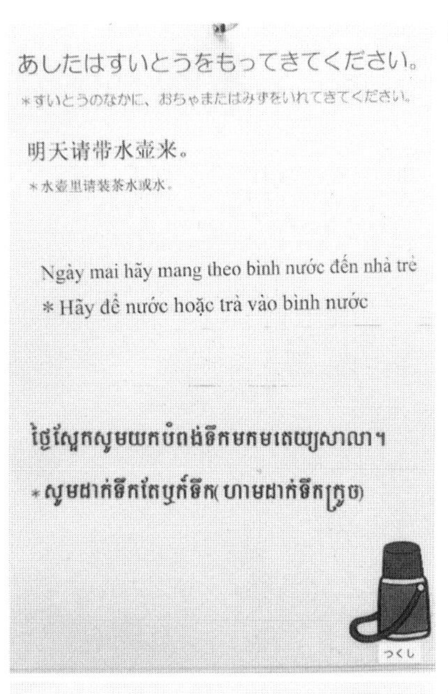

翌日の連絡

今日の活動など保育の連絡

プールにはいりました
Trẻ đã tắm hồ
进游泳池游泳了

どろんこあそびをしました
Trẻ đã chơi đất bùn
玩泥土了

また、外国にルーツのある子どもへの対応として、在籍人数の割合に応じて職員が加配（増員）されています。

子育て支援・小学校への接続

◉子育て支援

保護者には、視覚的な伝達方法（数か国語に翻訳された絵カードなど）をコミュニケーションツールとして活用しています。保育理念や方針、離乳食の進め方、ケガの報告用の身体の絵、散歩に行った、誕生会をしたなどの保育内容、感染症の予防法など、数か国の言語で表示しています。これらのカードは毎年増やしているので、数多くの保育場面や伝達事項が翻訳されたものとなっています。職員紹介を掲示する際は、氏名をひらがな表記にして保護者や子ど

取り組んでいます。

これまでの積み重ねのなかで、さまざまなツールを活用し、一人ひとりの育ちについて何を大切にしていくか、よく相談したうえで工夫を重ねて対応してきました。その子に合った接し方で保育をしています。

園内研修でも、それぞれの子どもの国を調べたり、保護者にインタビューなどをしたり、その国の文化や子育てについて取材したりしたこともありました。

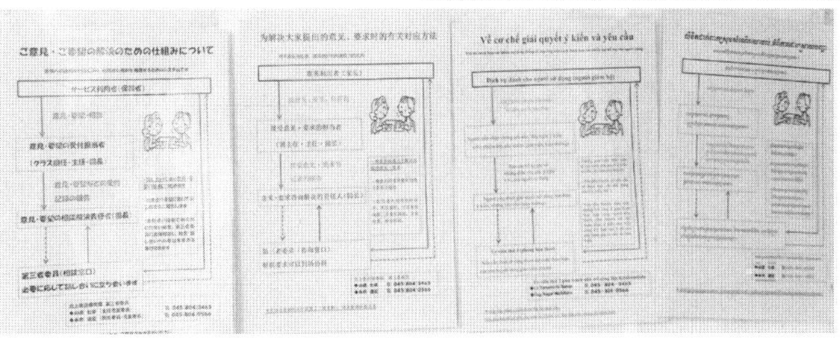

ご意見箱も多様な言葉とひらがなで

もに読みやすくしています。

保護者からの相談は、子どものことはもちろんですが、園や行政からの書類の意味や申請書などの書き方、お金や保険に関すること（例えば、区役所の窓口での問い合わせのような内容）なども多くあります。

日本では当たり前でも、その国の習慣にないことも多くあります。たとえば、体温を測る習慣がない国の保護者には、絵カードを使って説明するとともに、小学校に行ってからも必要だという見通しも示して理解を促しています。

保護者に子ども同士のけんかなどについて説明する際は、状況を説明するとともに、お互いが理解できるように伝えています。さらに込み入った内容になれば、通訳を介して説明します。

◉小学校への接続

当園は、近隣の小学校への接続に力を入れています。自園だけでなく、外国にルーツのある子どもが在籍している近隣の園にも呼びかけて、学校への入学に必要な外国人就学申請の手続きをする就学前手続きの説明会を、開催しています。

園として、多文化の保育について考える

外国にルーツのある子どもが多いこの園に配属された職員は、生活や文化などのさまざまな違いを受け止めることが大切だと感じます。そして、一人ひとりの子どもや保護者が必要としていることを丁寧に見極め、保育をしていくことは、この園に限らず、どこの園にも当てはまる保育の基本であると改めて気づかされました。

生活や文化の違いをどう理解し合い、どう伝えればよいのだろうかと迷うこともあります。しかし、違いがあって当然なのだから、相手にとって何が大切かを考えることに重点をおき、寄り添う気持ちで対応しています。そのようにすることで相手も心を開き、互いに心地よい関係ができて、よい保育へとつながっていくのだと思います。

多文化の子どもたちが一緒に過ごす保育は、長年にわたるものであり、園だけでなく行政や各専門機関と連携するなど、多くの職員がさまざまな対応を工夫して取り組んできました。それらを経て、現在では通訳がついたり、宗教食対応ができたり、保護者からのニーズにも対応できるようになってきています。また、小さい頃からいろいろな言葉や文化にふれる機会がある子どもたちは、保育園や地域でともに生活するなかで、「違うこと」を当たり前と捉え、その人その人をそのまま受け入れていきます。

各園がおかれている状況によって課題は違うと思いますが、保育の基本である“一人ひとり違うこと”は、どの園においても同じであり、それぞれの子

どもや保護者の課題を解消することが大切だと思います。外国にルーツのある子どもが増える園も多くなってくるかもしれませんが、私たちは、常に目の前の子どもたちや保護者と向き合い、一つひとつ工夫を凝らして対応していきたいと思っています。そして、これからも、子ども、保護者、職員とともに、子どもの健やかな育ちにつながる保育を目指します。

「みつけたの」みんなで1つの花を見つめる（3歳児）

「なんかやってる」園庭で遊ぶ幼児を見下ろす（1歳児）

横浜市北上飯田保育園
定員:77名

誰もが住みたい地域で、ともに暮らせる共生社会への一歩に

CASE 11

特定非営利活動法人「こどもコミュニティケア」

兵庫県神戸市

小児病棟での勤務経験から、保護者が障害や病気のある子どもを預ける場所を、
という思いで保育所を開設したのが2004(平成16)年のこと。
現在では、NPO法人として認可保育所と小規模保育事業、
障害児通所支援事業を一体的に運営し、
障害や病気のある子どもとない子どもがともに過ごす場を設けることで、
共生社会の実現に向けて歩みを進めています。

個々に合わせて保育を利用できる場を目指して

保育所を開設したきっかけは、筆者が小児専門病院に看護師として勤務していた頃、心臓などの手術が終わり、医学的には治療を終了した子どもであっても「退院後、幼稚園や保育園に入園させてもらえない」という保護者の声を何度か耳にしたことです。

当時、「リフレッシュ保育」の制度が始まり、専業主婦の家庭であっても子育ての負担の軽減のために月に数日の保育が公的に保障されることになりましたが、障害や生まれつきの病気がある子どもの保護者には、そのような機会さえ与えられないということを知り、とても残念に思いました。また、子どもの成長のためにも、ほかの子どもたちとともに教育や保育の場に通うことは、「子どもが子ども社会に参加する」権利ではないのかとも考えました。

「働きたい」「きょうだいの習い事や行事にも付き添いたい」「リフレッシュをしたい」などの保護者のニーズにも応え、「子どもたちがそれぞれの体調や成長に合わせて保育を利用できる場」をつくりたいとの思いから、病院を辞めて、自分で小さな保育所を開くことにしたのです。

持続可能な運営のために

◉制度的な助成がないなかでのやりくり

2015(平成27)年の子ども・子育て支援新制度施行前、2004(平成16)年に認可外保育所としてスタートしたことから、当時は経済面が一番大きな課題でした。公的な資金の投入はなく、保護者からいただく保育料がほとんどすべての財源になります。しかし、保育料が高額だと、利用回数や時間に限度が出てきます。開設当初からメディアの取材も多く、議員や市長が当園を訪問してくださったり、市の行政担当者に何とか制度化することができないかと検討していただいたりしました。

しかし当時は、待機児童問題による「認可保育所は最低定員90人以上で」といった方針や財源不足もあり、「医療的ケア」という言葉もほとんど知られていなかったので難しかったようです。民間企業の助成金や寄付なども活用しながら、何とか最初の8年間をつなぎました。

◉全国各地に共生保育の場が生まれることを願って

その後、子ども・子育て支援新制度ができ、「一人ひとりの子どものことを全部の職員がより深く知りえる」規模を保ちつつ、家庭の経済状況に合った負担で保育を利用できるようにしたいと、小規模保育事業への一部転換を図ることにしました。その一方で、小規模保育事業では「3歳になると入園できない」「保護者の一定以上の就労等が条件」など、認可外保育所で自由に保育を利用していた家庭が利用できなくなってしまう、いわゆる「制度の利用の壁」ができてしまいました。

そこで認可外保育施設は残しつつ、小規模保育事業と障害児通所支援事業を開始して、子どもと家庭のさまざまなニーズに柔軟に応えられるようにしたいと考えました。「共生保育」が一般的でない社会状況のなかでは、職員同士が働きながら「互いに学び合い、育ち合う」環境を整えることも、多職種連携や専門職としてのキャリア形成にとって必要ではないかと感じました。

開業後10年の間にも、小児医療はどんどん進歩して、多くの乳児が救命され、障害や病気により、医療的ケアを必要とする子どもが家庭で生活できるようになっています。ほかの都道府県に住む保護者から「障害や病気があっても保育を利用したい。子どもがお友だちと遊ぶ機会をつくってやりたい」

認可保育所「舞多聞よつば保育園」の2～5歳児の保育室の一角。大人の手洗いは、感染症が脅威となる医療的ケア児や障害児のケアには欠かせないため、各部屋に必ず手洗い場を設けている。

という切実な思いを聞き、「障害や病気があってもなくても、子どもたちが当たり前に育ち合える共生保育の場が全国各地に必要であり、これから先も大切に育てていくことが大事である」と強く感じました。そして、私たちの取り組みを知った多くの方から応援の言葉をいただきました。

多額の借入をして専用の建物を新築することや、職員数を倍増させることは大きな決断でしたが、「日々のケアをより良くできるように。この取り組みが、ほかの地域での取り組みの材料になるように」と願って、法人として質を高めつつ、持続可能な運営を目指しています。

◉職種を超えて業務を教え合い・補い合うシステム

障害や疾病の理解を深めて専門的なケアに携わる保育者や看護師に、十分な成長の機会や待遇を確保することも非常に大きな課題です。当法人では、職種によって制服や互いの呼び方を変えず、共通のキャリアパスや、職種を超えて業務を教え合い、補い合うシス

「舞多聞よつば保育園」の食堂。新型コロナウイルス感染症パンデミックの前は、子どもたちと職員でテーブルを囲んで一緒に食事を摂ることを大切にしてきた。奥に見えるのが2階へのエレベータと厨房。

テムを採用するなど、「ケアスタッフ」としての一体感をもつ工夫をしています。職員一人ひとりが自分の業務や所属だけに関心や影響力を留めるのではなく、「ワンチーム、チームメンバーとして、自分(たち)はどのような貢献ができるのか」を日頃から考えることを大事にしてきたため、新型コロナウイルス感染症のパンデミックのなかでも、チームとしてのレジリエンス(逆境を乗り越える力)として発揮されたと感じます。

12～30人程度の異年齢の縦割り保育は、個性豊かな子どもたちにとって、自然にさまざまな遊びややりとりが混在する場となります。また、大人があれやこれやと目標や環境を設定しすぎないことで、「子どもが子ども社会のなかで育つ」ことを後押しできる場になりやすいと感じます。

19年間の積み重ね

◉保護者と二人三脚の関係を築く

当法人に職員として応募される保育者、看護師、子育て支援員等は、ほとんどが「小児の医療的ケアは初めて」です。小児科の経験がない看護師、障害児保育が初めての保育者も珍しくありません。当法人では、働きながら「子育て支援員」や「保育士」の資格取得を目指す人も積極的に採用しています。

障害児や医療的ケア児を授かる保護者も、そのほとんどは「非医療職」です。「知識や経験がないから育てられない、ケアできない」という言葉は飲み込んで、わが子の入退院や手術、リハビリに臨み、家庭での服薬や医療機器の取り扱いを覚え、24時間365日の子育て、ケアを続けています。私たちも「初めてのことはわからなくて不安。本当に私にできるのだろうか」という思いを寄り添いのエネルギーに変えて「保護者と二人三脚の関係を築く」ことを大切に、一時保育や入園のプロセスをすすめていきます。

子どもも保護者も職員も、それぞれの新生活に慣れ、思わぬ出来事にともに驚いたり対処を考えたりしていくことが、互いにとって「ラク」で「力になる」ことを実感できるようです。職員が「先生として信頼されるためには、保護者よりも知識や技術をもっていなければならない」と思い込み、保護者と自分を比べて落ち込んだり自信をなくしたりする必要はありません。

保護者も、プロと一緒に考えたり工夫をしたりすることで、「プロに預けたからには、何もかも万全にやってくれ

表6-11-1　特定非営利活動法人こどもコミュニティケアの歴史

2004（平成16）年4月	認可外保育施設「ちっちゃな保育所」開設 （定型発達児・障がい児・医療的な配慮やケアを必要とする子どもたちの統合保育を開始）
2006（平成18）年9月～翌3月	調査研究事業「医療的ケアや観察を必要とする子どもをもつ家庭の子育て支援ニーズ調査」
2007（平成19）年	子育て講座「スター・ペアレンティング」開催
2009（平成21）年1月	「ちっちゃな保育所」を「ちっちゃなこども園にじいろ」と改称・神戸市垂水区に拡大移転
2009（平成21）年	「要医療ケア児ネットワーク事業」実施
2012（平成24）年	神戸市家庭的保育事業「神戸市保育ママふたば」を開設
2014（平成26）年	「神戸市保育ママふたば」が、小規模保育事業「ちっちゃなこども園ふたば」へ移行
2015（平成27）年	小規模保育事業「ちっちゃなこども園よつば」を開設（舞多聞西） 事業所内保育施設（認可外保育施設）「ちっちゃなこども園にじいろ」を舞多聞西へ移転 障がい児通所支援事業（児童発達支援＆放課後等デイサービス）「て・あーて」を開設（舞多聞西）
2020（令和2）年	認可保育所「舞多聞よつば保育園」を開設（舞多聞西）

るはずで、事故はあり得ない」といった過大な期待をもたないようになり、それこそが、保育以外の場でも公私にわたるサービスや応援を受け入れる基礎になります。また、親である自分が、子育てについて必要以上の責任や葛藤を抱え込まないことにもつながります。このように、保育の場は「子ども社会」であり「みんなで子どもを見守り、育てる場」でもあると感じます。

共生保育の場の有無が、保護者の生活や職業選択にどの程度影響を及ぼしているのかは、きちんと調査をした訳ではないのでハッキリとはわかりません。しかし、最初は「こんな（障害や病気のある）身体でしか産んであげられなかったのだから、仕事もレジャーも諦めて、私（母）がすべての責任を負って、一生涯面倒をみなければいけない」と涙していた人が、「2時間だけ旧友とお茶を飲んできた」と笑顔を見せたり、育児休業を利用せず職場復帰を諦めようとしていた家庭が、次の子どもを授かり元気に職場復帰していく姿を見ると、「今ある教育や福祉の場を当たり前に利用できることは、その方と家族の人生の選択肢と人権を守ることだ」と感じます。

◉ともに過ごす場としてのベネフィット

医療機器やチューブ類は、必要なときにすぐ使えるように保育室内に置かれており、酸素療法をしている子どもは酸素ボンベを入れた袋を自分で引っ張って行くこともあります。長い酸素チューブが床を這っていますが、ほかの子どもたちは机や椅子をよけて歩くように、チューブをよけてくれます。時には家具に引っかかることもありますが、椅子や玩具につまずくことと同じです。ほかの子どもがチューブに引っかかるのも、出会い頭に子ども同士が衝突しそうになるのも、何人もの子どもたちがともに生活する以上、起きうるレベルの危険と考えられます。

危険や安全を考えるときには、必ず「ベネフィット（利益・便益）」も考える必要があることを、私たちは19年の実践から学ぶことができました。リスクを取り去りたい、減らしたいあまりに「子どもの最善の利益」や「子どもが成長し学べる機会」を減らしていないか、失っていないかを、常に保護者とチーム内でも共有し、安全に関する説明と合意を重ねていくことが大切です。

保育室内では、鼻をかんだりご飯を食べたりするのと同じように、鼻口腔吸引や経管栄養を行います。子どもたちにとっては、それらはごく自然な生活行為であって、経管栄養の器具も「Aちゃんにとっての食器」「あの器械と管はBくんにとって大事なもので、大人だけが触っていい」ということはすぐに伝わります。給食も、その日に厨房で調理される給食をきざみ食やミキサー食にして、「みんなと同じものを一緒に食べる」ことを大事にしています。

◉必要なケアを必要なタイミングで、必要な子どもに

いわゆる健常児をもつ保護者も、送迎やお誕生日会などで保育を垣間見るときに、医療的な配慮が必要な子どもたちとわが子が当たり前に生活している風景を見ることができます。また、どんな子どもも、時には医療的な観察やケアが必要な状態になることがあります。熱が出たりアレルギーと思われる症状が出たりしたときに「これでは園では預かれません、あとはご家庭で」と帰すのではなく、集団保育の場でも「家庭と二人三脚で」子どもにとって必要な観察やケアが提供できるように、細やかなコミュニケーションとケアを実施することにしています。

「必要なケアを必要なタイミングで、必要な子どもに」届けることは、どの子どもたちにとっても大切だと考えています。子どもにとって必要なことをするときに、障害や病気の有無で線引きをする必要はありません。

肢体不自由児の専用車イスでも入れるサイズの大きな土管を設えた園庭、登ったり降りたり、中で大声で歌ってみたり、反対側の斜面は、好きなように掘ったり水を流したりして楽しめる。

お昼寝ごっこ（酸素療法）

◉「保護者の支援者」としての役割

子どもだけではなく、保護者にも「必要な時に必要なケアを必要なだけ」届けることが、私たちの役割です。医療的な観察やケアが必要な子どもをもつ保護者に限らず、どの施設にも、育児や仕事に疲れきり、社会から孤立した時間を長く送ってきたためか、他者との信頼関係を築くことが難しかったり、物事を制限的に捉えたりしている保護者がいます。ゆっくり話を聴いたり、視点を変えたり深めたりする投げかけをしたり、家庭でできると思われるケアであっても園で実施するなど、保護者が過剰な負担や精神的なプレッシャーを自分で調整できるように支援します。必要があれば家庭訪問し、自宅でのケア環境をともに考えたり、医療機関や行政窓口などほかの支援につなぎます。

最初は、園に依頼することや、医療的ケアや臨時処方の薬を使うことにためらいがあった保護者も、職員がケアしている様子を見たり、一緒に工夫を考えたりする時間を通じて、家庭でやっていきたいことと支援者にお願いしたいことの調整をしながら、子どもの成長を楽しめるようになっていく姿を見ると「一緒にやってこられてうれしい」と感じます。

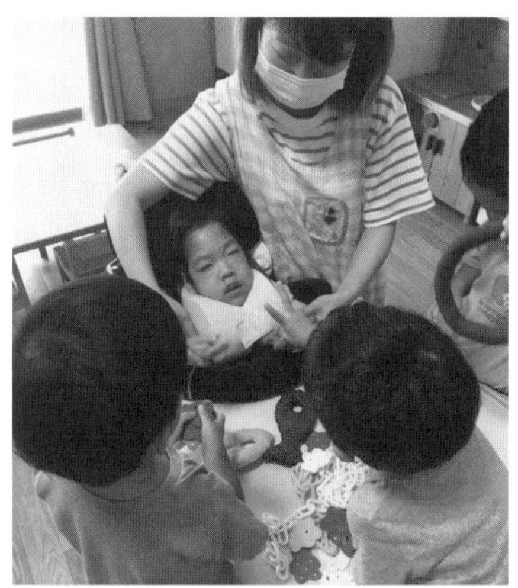

保育室でも、いつも一緒に過ごしています。
おもちゃもどうぞ、どうぞと持ってきてくれます。
（重度心身障害　鼻口腔吸引・経管栄養）

保育はハレとケでいえば、日常のケにあたる繰り返しの地道な積み重ねです。この積み重ねが「誰もが住みたい地域で、ともに暮らせる共生社会への一歩」につながればと願っています。

子どもの成長を継続して支援するための連携

◉障害や病気の有無にかかわらず、ともに過ごす

現在は、認可保育所（舞多聞よつば保育園）、小規模保育事業（ちっちゃなこども園

ふたば）ともに、毎年、2～4人程度の医療的ケア児が在籍しています。日常的に医療的ケアを必要としない障害や疾患をもつ子どもも数人います。どちらの園も、異年齢・縦割り保育で、医療的ケア児専用の部屋などはなく、基本的に1日を通してほかの子どもたちと同じ生活をしています。

必要に応じて別室で対応したり、外遊びに同行しないこともありますが、ほかの子どもにも「必要に応じて必要な対応」をしています。「医療的ケア児だから○○する・しない」ではなく、どの子どももケアや個別配慮のニーズをもっていると考えています。

また、認可保育所に隣接して障害児通所支援事業（児童発達支援・放課後等デイサービス）も運営しています。新型コロナウイルス感染症の状況が改善されれば、保育施設と通所支援の利用児童がもっと園庭などで一緒に遊び、食事をともにするなどの日常的な交流をもちたいと考えています。同施設を利用する子どものきょうだいが保育所を利用したり、保護者の就労や育休からの復帰に合わせて障害児本人が保育施設に入所したりすることもあります。

保護者がきょうだい別々の場所に送迎する時間を減らしたり、次の子どもが生まれたり仕事を再開したりした後の生活のイメージづくりをしたりするなど、法人内で子どもの成長を継続して支援することができます。

◉自らの実践を還元し、共有できることを目指して

2021（令和3）年、「医療的ケア児及びその家族に対する支援に関する法律」が施行されました。今後は、各地の保育所、幼稚園、認定こども園、児童発達支援でも、医療的ケアの理解が進み、実践が行われると思います。私たちが多職種協働で積み重ねてきた経験を、何らかの形で多くの人たちに共有することができればと思っています。また、法人内でも研鑽（けんさん）を重ねて、変化する社会情勢のなかでさまざまなニーズに丁寧に対応できる現場をつくり続けていきたいと考えています。

特定非営利活動法人こどもコミュニティケア
認可保育所「舞多聞よつば保育園」（定員：31名）
小規模保育事業「ちっちゃなこども園ふたば」（定員：12名）
児童発達支援・放課後等デイサービス「て・あーて」（定員：10名）

「保育」における「生活療育」——日々の発達をささえる「ふしぎなポケット」の取り組み

CASE 12

社会福祉法人 喜育園
「山東こども園」

熊本県熊本市

障害のある子どもが、生活の場である保育園においてできることを獲得していく
「生活療育」を実践するのが、山東こども園です。
できることを積み重ね、子どもの自己肯定感を高めるために
当園が行っている取り組みを紹介します。

「ふしぎなポケット」という名前に込める思い

「ふしぎなポケット」とは、2020(令和2)年度より山東こども園で行われている療育的な取り組みの名称です。この名称は、同タイトルの童謡が由来となっています。童謡「ふしぎなポケット」の歌詞のなかで、ポケットに入っているビスケットは、叩いてみるたびに2枚、3枚…と増えていきます。そして、「そんなふしぎなポケットがほしい」と子どもたちの夢や願いは続きます。

子どもたちは、日々の生活のなかでいろいろな刺激を受けながら、「この活動は楽しいな」とさまざまな活動に対して興味をもったり、「こんなこともできるようになったよ」と自分の可能性を見つけたりしていきます。それはまるで、叩くたびにビスケットが増えていき、「次に出てくるものは何だろう」と未知のものに期待をもたせるふしぎなポケットのようでもあります。

「子どもたちが、生きることや生活することに、日々わくわくするような期待をもちながら過ごしてほしい」「そのための良い刺激となるような環境やかかわりを子どもの個性や育ちに合わせて提供していきたい」

園内の療育的支援である「ふしぎなポケット」の名称には、そのような願いが込められています。

日常生活のなかで実践する「生活療育」

「ふしぎなポケット」で軸となる療育方針は、「生活療育」です。「生活療育」とは、療育施設での訓練や指導ではなく、暮らしのなかで生活支援を提供していくものです。日々繰り返される日常生活を学びや成長の舞台として重視します。どの子どもも生活リズムが整い、日々の生活を円滑に送るなかで、それぞれの発達段階を踏みながら、できることが1つずつ増えていきます。そして、安心できる環境のなかで、「できた」という経験を積み重ねることで自信や自己肯定感を育むことができます。

生活スキルは一朝一夕では身につかず、年単位で時間をかけて獲得していくものと考えられます。園での毎日の生活のなかでは、周囲の子どもとのかかわり合いが生まれます。互いに協力したり、うまくいかないときには「手伝って」と伝えたりすることができる社会性なども育っていきます。

その後、スキル獲得の次の段階として、自分でできるようになったことを習慣化させることも大切です。「生活スキル」が「生活習慣」として定着することで、社会生活を営むための土台づくりがなされていきます。

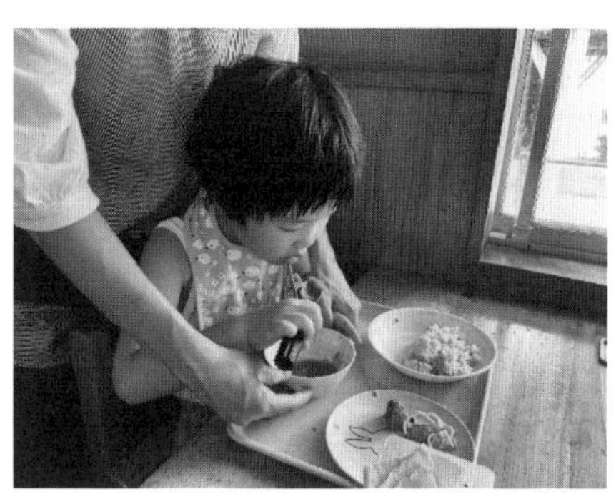

「できる」経験を積み重ねることで自己肯定感を育む

これらの観点より、障害のある子どもへの支援として、園内での日常生活を療育の機会として活かしたいというのが「ふしぎなポケット」のねらいです。卒園までに完全な自立、スキル獲得に至らなかった点があったとしても、支援によってうまくできた経験を積み、「自分もできる」「先生やお友だちが手伝ってくれる」という安心感を育み、就学先へつなげたいと願っています。

「生活療育」のコーディネーター

図6-12-1は、園内での生活療育のコーディネートを担う「ふしぎなポケット職員(以下、ポケット職員)」と「クラス担任」「加配の保育者」の役割分担を表したものです。

コーディネーターを設置し、役割を明確化する利点として以下の事柄が挙げられます。

○子どもが療育機関で学んでいることを園で適用・般化するための工夫や調整をチームで行うことができる。

○個別支援計画を作成し「いつ」「だれが」「どのように」支援をするのか共通理解をもつことができる。

○役割を明確にしながら各担当が連携をとることで、保育がスムーズになり、保育や支援の目標を達成しやすくなる。

以下、それぞれの利点について解説します。

◉チームでのかかわり

現場の声として「子どもが療育機関で学んでいることを、園でそのまま行うことが難しい」というものがあります。療育機関は、「療育」を目的として、発達段階や支援内容に合わせて個別も

〈クラス担任〉
・集団保育計画での配慮
・クラスの環境整備
・クラスの支持的風土づくり
・保護者相談　等

〈ふしぎなポケット職員〉
・個別支援計画作成
・担当者会議、支援会議の調整
・障害特性に応じた支援の提案
・保護者相談　等

〈加配の保育者〉
・ポケット児童への直接的支援
・ポケット児童と周囲の子とのつなぎ役
・日常の支援記録
・教材の作成・活用
・保護者相談　等

■図6-12-1　ふしぎなポケット職員、クラス担任、加配の保育者の役割

しくは小集団でクラス編成されることが一般的です。活動のプログラムや時間の長さ、環境などは療育目的に合わせて設定されます。

一方、認定こども園は、地域に住む乳幼児の「保育」が目的であり、子どもたちが同じクラスに集い、朝から夕方までの「生活」を共にします。1クラス10名を超える大集団であることも少なくありません。当然、クラス内には性格の違いや発達の個人差といった要素も含まれてきます。療育機関で学んできたものを「般化」することの難しさについては、療育機関と園との環境面の違いがあることに加え、抽象化や概念化の苦手さから学んだことを別の場所で応用することが不得意といった個人の特性も影響します。

このような困難を、子ども本人やクラス担任、加配の保育者が個人で抱えるのではなく、園の特徴に合わせて、環境や教え方の工夫をチームで考えていけるように「会議の設定」「障害特性の理解」「支援方法の提案」等を行うのがコーディネーターの役割です。個別や小集団において、本人の学びのプロセスに沿って身につけたことを集団生活で般化する経験は、子どもの「自信」や「生きやすさ」につながります。療育機関での専門的な支援方法を取り入れながら、園を繰り返しの練習の場として活かせるようにしていきたいと考えています。

◉個別支援計画の共通理解

療育機関での取り組みや本人・家族のニーズを踏まえて、具体的な個別支援計画を立て、「いつ」「だれが」「どのように」行うのかを確認することで、支援の取りこぼしを防ぎます。

現場での加配の保育者の働きとして、終日1対1で担当児にかかわるケースもありますが、複数の要支援児に一人の加配の保育者がつくこともあります。また、加配が必要な子どもが自立して活動できる場面では、ほかの子どもやクラス担任のサポートに入ることもあります。そのため、「この場面では、加配の保育者がこの子どもの支援に入る」ということをあらかじめ確認しておくことで、該当の子どもは必要な場面での支援を日々積み重ねられるようにし、その間、ほかの子どもへのサポートについてもどのように行うか、クラス担任が事前に見通しをもつようにします。

◉役割の明確化と連携

「クラス担任」「加配の保育者」「ポケット職員」の役割の明確化については、国際生活機能分類（ICF）の「障害は環境因子と個人因子の相互作用である」という考え方に依拠します。大まかに捉えるならば、クラス担任は主に「環境」面、加配の保育者は「個人」面の支援を担い、ポケット職員は「環境」と「個人」の支援の調整を継続的に行うことで、三者が協力し、子どもに有機的な支援を行うということになります。

年間計画に沿った ふしぎなポケットの 体制づくり

現在は、療育機関に通う子どもが5名在籍する4歳児クラスにおいて、クラス担任、加配の保育者、ポケット職員で話し合いを重ねながら、「ふしぎなポケット」の体制づくりを行っています。

「個別支援計画に基づく支援」「園内会議」「保護者・関係機関との連携」を軸とした図6-12-2を年間の流れとし、記録をとることで、園内での情報共有を図っています。

この2年間、組織的・計画的な体制による支援を試行錯誤しながら行うなかでよかった点として、担当者会議などで療育先や家庭での支援方法を具体的に知り、園内での支援方法を保育者間でできる限り統一することによって、「身辺自立面では療育先等と同じ方法で加配の保育者が支援を行い、成長を

職員会議の様子

共有することができた」「行動面では、療育先や家庭で行ったトークンエコノミーシステムを園でも個別に取り入れ、子どもが楽しみながら役割活動を行えた」ことなどが挙げられます。

専門性の向上に 向けた学び

今後の課題については、「PDCAに基づいた組織的・計画的な支援体制」を園内で定着化させることに加え、ポケット職員を含む保育者の「障害に関する専門性の向上」が挙げられます。

障害をどう捉えるかといった「障害観」の共通理解や、障害特性や支援についての学習、また同じ診断名をもつ子どもであっても、困りごとは一人ひとり異なります。そのため、診断名によるステレオタイプな捉え方をするのではなく、事例検討会や専門家によるSV（スーパーバイズ）を通して、個別化した特性理解や支援を丁寧に行うことなどを考えています。

また、認定こども園特有の、さまざま

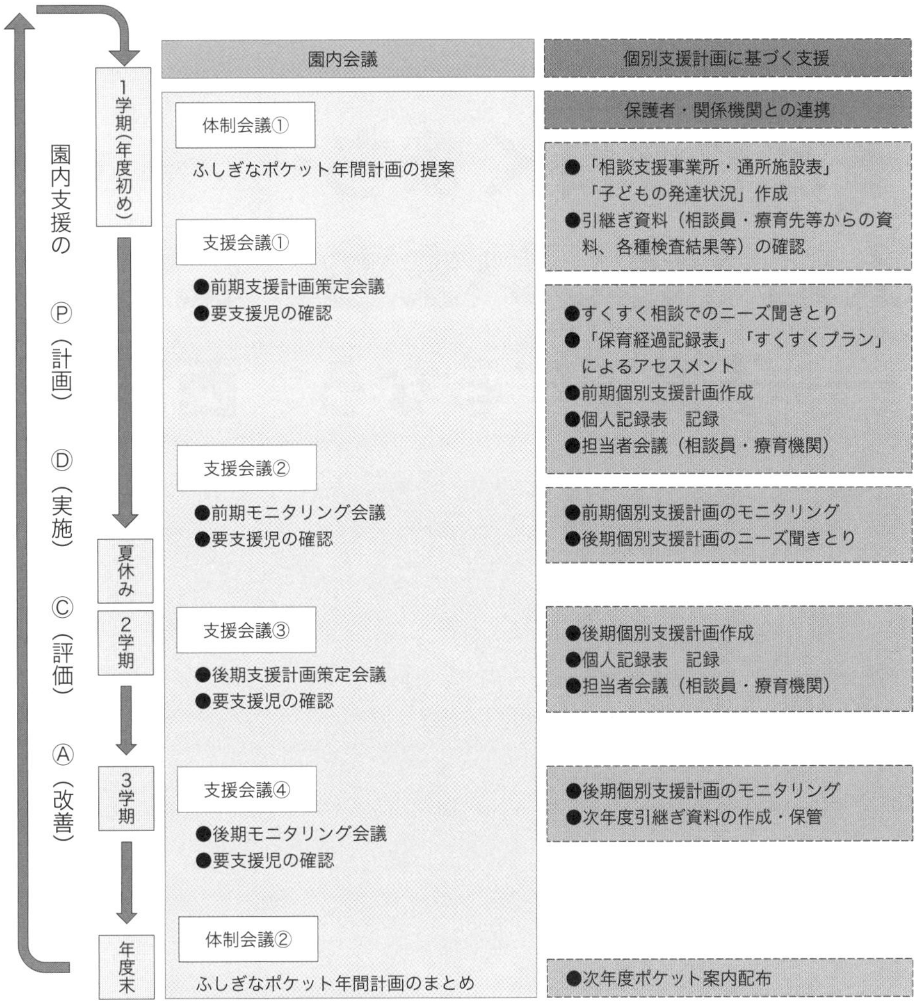

園内支援のⓅ（計画）Ⓓ（実施）Ⓒ（評価）Ⓐ（改善）

時期	園内会議	個別支援計画に基づく支援 保護者・関係機関との連携
1学期（年度初め）	体制会議① ふしぎなポケット年間計画の提案	●「相談支援事業所・通所施設表」「子どもの発達状況」作成 ●引継ぎ資料（相談員・療育先等からの資料、各種検査結果等）の確認
	支援会議① ●前期支援計画策定会議 ●要支援児の確認	●すくすく相談でのニーズ聞きとり ●「保育経過記録表」「すくすくプラン」によるアセスメント ●前期個別支援計画作成 ●個人記録表　記録 ●担当者会議（相談員・療育機関）
	支援会議② ●前期モニタリング会議 ●要支援児の確認	●前期個別支援計画のモニタリング ●後期個別支援計画のニーズ聞きとり
夏休み		
2学期	支援会議③ ●後期支援計画策定会議 ●要支援児の確認	●後期個別支援計画作成 ●個人記録表　記録 ●担当者会議（相談員・療育機関）
3学期	支援会議④ ●後期モニタリング会議 ●要支援児の確認	●後期個別支援計画のモニタリング ●次年度引継ぎ資料の作成・保管
年度末	体制会議② ふしぎなポケット年間計画のまとめ	●次年度ポケット案内配布

■図6-12-2　ふしぎなポケット 園内支援の流れ

出典：竹田契一・上野一彦・花熊曉監、一般財団法人特別支援教育士資格認定協会編『S.E.N.S養成セミナー第3版 特別支援教育の理論と実践Ⅲ－特別支援教育士（S.E.N.S）の役割・実習』金剛出版、p.47、2018年（図D-3-1）を改変

な子どもがともに過ごすという経験を通して、障害の有無によって分け隔てられることなく、相互に人格や個性を尊重し合いながら生活する「共生社会の基盤づくり」ができるコーディネートを心がけていきたいです。

保育者だけが子どもの支援者になるのではなく、子どもたちも友だちのサポーターとなり、子どもを中心とした輪のなかで、皆が育ち合い、学び合っていけることを願っています。そのために、クラス担任や加配の保育者と協力しながら、支持的風土のある集団づくりや子ども同士の思いの仲立ちなどを行い、園がすべての子どもにとって安心して成長できる「居場所」であることができるように支えていきたいと思います。

山東こども園
定員：100名

自治体の取り組み | 巡回相談 | 関係機関との連携

子どもが輝くまち・人にやさしいまち　にしのみやへ——子育てするなら　西宮

CASE 13

「西宮市こども支援局子育て事業部」

兵庫県西宮市

保育所等による地域の子育て支援には、自治体の後方支援が有効です。
西宮市では、全国でも珍しい日常的な園への巡回相談を通じて、
保育者の悩みや困りごとに寄り添い、的確な連携へと結びつけています。

必要とされる待機児童対策

西宮市は、兵庫県の南東部、大阪市と神戸市のほぼ中間に位置しています。六甲山系や大阪湾を望む豊かな自然に恵まれ、また大都市への交通の便が良いことなどから住宅地として発展し、2008（平成20）年には中核市に移行しました。山間部が多くを占める北部地域では市内でも高齢化率がより高く推移し、人口が減少している一方、平野部の南部地域では駅近に大型マンションが建設され、子育て世代などが転入し、転入超過となっています。

本市では元々共働き世帯の割合が低く、保育需要率（就学前児童に占める保育所等を希望する児童の割合）は低い傾向にありましたが、阪神・淡路大震災以降、転入世帯を含めた共働き世帯の増加から保育所への入所希望者が急増し、保育所等待機児童対策が急務となっています。一方で、就学前児童数は減少し続けており、少子化を見据えた対策も必要とされています。

夙川公園の桜と甲山

子育て支援にかかる市の取り組み

幼児教育・保育現場を取り巻く環境では、支援を必要とする子どもの受け入れが増加し、家庭の状況から保護者も一体となって支援していくなど、支援ニーズが増加するとともに多様化しています。安全で豊かな保育を提供し、親子ともに安心して過ごせる環境をつ

西宮市子ども・子育て支援プラン

〈基本理念〉
子供が輝くまち・人にやさしいまち　にしのみやへ
～子育てするなら　西宮～

〈基本的な視点〉
- すべての子供が健やかに成長する社会をめざします
- すべての子供の幸せを第一に考えます
- 子育てが楽しく思えるまちをめざします
- まち全体で子供を育みます

くっていくことを、文教住宅都市を掲げる本市の重要な課題とし、幼児教育・保育をめぐる環境の変化に合わせて取り組みを進めています。

2018(平成30)年には西宮市子ども・子育て支援プランを策定し、子どもの視点に立った取り組みを進めていくという観点で基本理念と視点(以下参照)を定め、すべての子どもが健全な成長と発達を保障されるように支援していくことを目指しています。

2022(令和4)年3月には「西宮市幼児教育・保育ビジョン」を策定し、施設種別や設置主体にかかわらず、すべての子どもが、乳幼児期にふさわしい環境のなかで育つことができるよう、見守り・支えることを大切にしながら、子どもが安心して学び続ける意欲や能力を育むため、「遊び」と「親子関係」を大切にする「子ども中心の幼児教育・保育」の提供を目指しています(図6-13-1)。

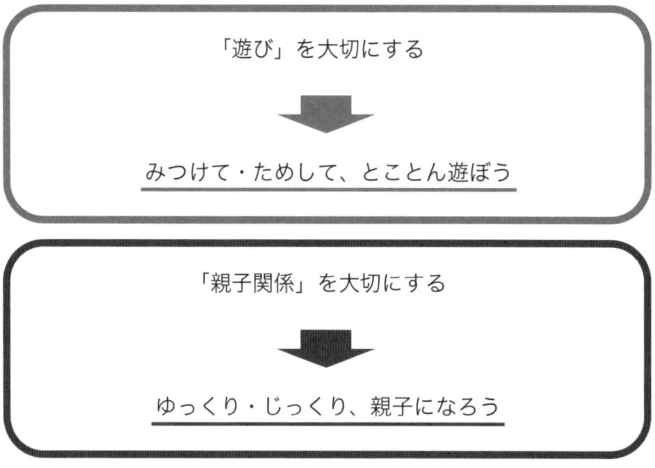

「遊び」を大切にする

↓

みつけて・ためして、とことん遊ぼう

「親子関係」を大切にする

↓

ゆっくり・じっくり、親子になろう

■図6-13-1　幼児教育・保育ビジョンが目指すもの

専門性を活かした自治体による園への支援

本市の保育事業所管課(以下、所管課)には、保育の専門職である保育士をはじめ、献立作成など保育所給食について専門的な知識をもつ管理栄養士、子どもの発達や衛生管理等について専門的な知識をもつ保健師を配置しています。

それぞれが情報共有など連携を図りながら、園への巡回や電話相談等を通じ、専門性を活かした支援を行っています。日常的に園への巡回や日々の電話相談による助言指導を保健師が行っている自治体は少ないですが、本市では昭和40年前後からこの方法で行っています。

市内には2022(令和4)年4月現在、公立保育所23施設、私立保育所37施設、私立の幼保連携型認定こども園33施設、私立の幼稚園型認定こども園6施設、私立の地域型保育事業所58施設(計157施設、2号・3号認定子どもの在籍児童数は8,586人)あります。保健師1人当たりの担当施設は10施設ほどになりますが、保育士、栄養士、保健師が一体となって園を支援できるよう、一層の連携強化を図っています。

ここで、園の対応の様子について、事例を通して紹介します。

【事例1】集団保育のなかで成長発達の
様子が気になる子ども

子育てのなかで、保護者が悩みや心配ごとを抱かないことはありません。園はそのような悩みや心配ごとを受け止め、保護者との信頼関係を深めることで、より良い援助や支援の方法につなげ、必要に応じて関係機関とも連携していきたいと考えます。

初めての子育てで子どもの成長に見通しがもちにくい保護者、子どもとのかかわり方がわからず戸惑いを感じている保護者など、それぞれの保護者のしんどさや思いを受け止め、集団のなかで一人ひとりの子どもに適切な援助を行うには、保育者の経験値や力量、園長・主任保育士等と担当保育者の連携がとても重要となります。

保健師は公立だけでなく、私立も含め園への日々の巡回や電話相談による支援を通して担当園との信頼関係を深め、園の状況や対応方針を共有しながら、意見交換や助言を行うなど、個々の子どもの成長発達を考慮した保育が行えるようにサポートしています。

また、具体的な援助の方法などを保育者が学ぶ機会として、市が委託した療育機関の臨床心理士によるアウトリーチ事業を所管課の保育士から案内しています。

アウトリーチによる気づきや助言内容を共有し、その内容を広く活用するなど、公私の垣根を越え市全体の保育の質の向上につながる体制やシステムの構築が必要であると考えています。

【事例2】登園日数が少ない
家庭への対応

子どもや保護者の体調不良を理由に欠席が続き、後には保護者からの連絡もなくなり、園から連絡してもつながらないケースがあります。園も登園を促すアプローチを試行錯誤しつつも、どのように対応していくとよいのか迷い、その家庭への支援の手立ての見通しがもちづらくなります。

園が保健師や保育士と情報共有しながら、家庭への連絡を続けていると、長期欠席後、前触れなく1日だけ登園して、翌日からまた登園しなくなることもあります。保育者は、登園時の様子がこれまでと変わらなくても継続してかかわり、育ちを保障する必要があることから、園での子どもの様子や続けて登園してほしいことを伝えるなど、保護者とのコミュニケーションを図ります。

送迎の負担軽減が必要な場合などは、保健師は関係各課に連携を依頼して支援方法を探り、園は保護者とのかかわりを継続するように工夫するなどをします。登園困難な状況の家庭への支援は、保護者の生活上の課題を含むこともあるので、包括的に進めていくことでより良い支援につながることも多くあります。

園だけが悩み、責任を抱え込まないように保健師が中心となり、支援していく体制を整えています。支援が行き届かないこともありますが、関係課を含めて、その家庭にかかわる支援者たちがチームとなり、家庭を支えることで園は安心して保育を進めていくことができます。園もそのチームの一員として、役割を遂行していきます。

【事例3】外国にルーツをもつ子どもとその家庭

外国にルーツをもつ家庭やその子どもが市内に多く居住し、園に在籍しているケースが最近増えてきています。入園の申込み時から所管課が情報をキャッチし、園につなげていきますが、日本語で会話できる家庭であっても細かいニュアンスが伝わりづらく、文化や生活様式の違いから互いの思いがすれ違うこともあります。

また、母国語でしか理解できない家庭や子どもについては、保護者が依頼した通訳者を通じて必要事項を伝えるなど、保育に至るまでの入園準備段階から丁寧なサポートが必要です。保護者は理解の有無にかかわらず、「はい」「わかりました」など、単に覚えている日本語で答えていることも少なくなく、入園の段階になって自身のイメージと違っていたことに気づくこともあります。

園は注意深く保護者の様子を見守り、必要書類の提出がない場合は、個別に書類提出を促す声かけをします。そして、書類を提出することが難しかったことを踏まえて、今後は丁寧に説明する場を設ける、一緒に書類を作成するなど個別に支援をしていきます。

所管課では園ができる限りの対応ができるように、重要事項説明書の外国語版を関係課の協力を得て作成するとともに、コミュニケーションアプリを園に案内するなどして対応しています。

日本語で話しかけるなど、日本での生活になじみがもてるように子どもたちを保育していますが、子どもにとっての母国語の大切さを十分に認識し、母国の生活・文化・食に思いをはせて、保育者が子どもの母国語のなかで簡単な挨拶や単語などを覚えて話しかけることも安心感につながるのではないかと考えています。

人材育成の後方支援

在園の親子を支援していく際に必要とされるのは、保育者の保育技術や経験、ノウハウです。保育者がその経験やノウハウを活かして親子を支援していけるように、行政としては保育者の質の向上を目指し、研修体系を整備し、保育者が学び続けられる環境を整えることが大切であると考えます。

保護者対応研修として、保育者向けに年3回シリーズ（講義と事例検討）で私立も含め各園に案内しています。

日々、保護者と直接対応している保育者にとって、事例を基に他園の保育者と討議し交流する機会は貴重で、学びを深めることにつながっています。

公私の設置主体の違いはあっても、保育者としての対応や意識については共感・共有できることが多くあるため、互いに良い経験となり、園での対応にも広がりが生まれてくるものと思います。まだ参加していない園にも興味をもっていただけるような発信の方法も考えていきたいと思います。

チームで取り組める園風土・環境づくりを目指して

園は、保護者にとってホッとできる場所でありたいという思いで保護者との信頼関係を構築し、深めていくように工夫しています。保育者にも家庭があり、子育て中であることも少なくありません。保育者や管理職それぞれが1人で悩んだり抱え込んだりすることがないようなチームで取り組める園風土・環境づくりを提案し、ともに進めていくことが所管課の役割であると考えています。

本市では、所管課に保育士・保健師・管理栄養士の専門職を配置することにより、時代の変遷や社会背景に合わせながら連携を深めつつ保育を進め、ともに子どもたちの健やかな成長を願い、保護者支援にも力を注いできました。今後もお互いの専門的立場から意見をすり合わせ、園への支援を充実させていきたいと思います。

「保育に欠ける」環境から子どもを救済する緊急保育

CASE 14

「東京都北区 緊急保育事業」

東京都北区

共働き家庭の増加とともに保育所の需要が高まるなかで、
地域の子育て環境は充実しているとはいえない状況にあります。
また、核家族が増えたことで、
子育て環境の孤立から起こる子育てに対する不安や負担感を抱く人は多くなり、
児童虐待の増加などの社会問題が深刻になってきました。
子どもの生命を守り健やかな成長を保障するために、
「保育に欠ける」環境から子どもを救済する仕組みの1つとして、
1999(平成11)年4月1日から区立保育所において、
『緊急保育』事業の実施をスタートしました。
それは、保護者の疾病、出産、看護などにより緊急に保育が必要となる児童を
一時的に保育することを目的としたものでした。

利用に関する概要

◉利用要件

東京都北区内に住所を有し、各園に入所可能な月齢(年齢)から小学校就学前までの健康で集団保育が可能な子どもで、次の理由で保育を必要とする場合に利用できます。

(1) 保護者が死亡または行方不明で不在のとき
(2) 保護者が疾病または出産で入院するとき
(3) 保護者が緊急に治療が必要な疾病で通院するとき
(4) 保護者が親族等の看護にあたるとき
(5) 保護者が災害復旧活動に従事するとき
(6) 保護者が北区内に住む親元で出産するとき

※出産のために利用する場合は、入院期間中のみ利用できます。
※保護者が北区在住の親元で出産する場合は、区外に住んでいる方も利用できます(保護者の親の住所を児童の住所とみなします)。

◉利用児童数

利用児童数は、各保育所(定員に空きのある区立保育所)1日1人としています。ただし、同一世帯からの申し込みの場合は、2人以上の利用ができます。

◉保育日及び保育時間

保育日は、日曜日及び国民の祝日、年末年始(12月29日~翌年1月3日)を除く毎日で、保育時間は、午前8時30分~午後5時です。

※やむを得ない事情があるときは、午前8時~午後6時とすることも可能です。
※8か月未満の子どもは、午前8時30分~午後4時30分です。

◉保育時間と保育料(児童1人)

基本料金　1日1,200円
(午前8時30分~午後5時)
延長料金　150円(30分ごと)

※同日にきょうだい2人以上で通園した場合、2人目以降の基本保育料は600円となります(延長料金は同額)。

保育料等は、通所した日数分となり、1週間に1回保育園から発行される納入通知書により、金融機関にて支払います。保育料等には、食事代とおやつ代が含まれています。

◉**保育期間**

保育期間は原則1か月以内です。

◉**利用の申し込み**

緊急保育を実施している各保育所に問い合わせのうえ、申し込みます。緊急保育申込書と利用要件を証する書類が必要です。

◉**利用状況**

緊急保育の利用状況については、事業開始当初から保護者の疾病または入院（出産・切迫流産など）といった利用要件の需要が高く、それは現在も変わりません。また、利用年齢については、0歳から2歳の低年齢児が多い状況です。保育園の待機児童をなくす社会全体の取り組みにより、以前に比べると保育園への入園がしやすい環境になってきました。北区においても、乳幼児施設の増設により、最近では、保育所への入所がしやすい状況になってきたようです。

また、ここ数年は緊急保育の利用件数が減少している傾向にあります。新型コロナウイルス感染症拡大による影響もあり、集団生活である保育所利用の不安から生じる、利用件数の減少とも考えられます。利用件数は、2018（平成30）年度が51件、2019（令和元）年度が37件、2020（令和2）年度が23件、2021（令和3）年度が23件となっています。2018（平成30）年度は、毎月4～5件、多い月は10件の利用がありましたが、2021（令和3）年度は、月に約2～3件（1月のみ5件）で、利用のない月もありました。

緊急保育の課題についての取り組み

利用期間は原則1か月以内としていますが、緊急保育申請時に長期の利用を希望される方や申請要件が長期利用になると考えられる場合は、認可保育所の利用申請を案内しています。また、子育て支援サービスとして、「一時預かり保育」「子どもショートステイ事業」「子どもトワイライトステイ事業」などの情報提供も行っています。

緊急保育は緊急時の事業であり、なるべく子どもと保護者の負担を軽減するため、面談の緊急対応なども行っており、時間短縮のため、持ち物の準備についても最小限で済むように、午睡用品（シーツなど）は、バスタオルで代替するなどの配慮をしています。

一方で緊急保育は、申し込みの翌日からすぐに保育を利用できるようにするため、利用保育所には緊急の対応が求められ、担当保育者に負担が生じる場合があります。園全体の定員に対して、空きがある場合に受け入れが可能となります。

最近では、母親の精神疾患や虐待の疑いがあるなどの理由により、子ども家庭支援センターや児童相談所がかかわっている案件もあります。保護者が心の病を患っており、体調がすぐれず、病院を受診することもままならないということで、緊急的に子どもを受け入れるケースもありました。その場合は、長期利用も視野に入れて受け入れることとなります。

保護者が親族等の看護にあたるケースとして、保護者自身の両親の看護や看取りなどを理由に緊急保育を利用される案件もありました。看護とは、あらゆる年代の個人および家族、集団、コミュニティを対象とし、その対象がどのような健康状態であっても、独自に、または他と協働して行われるケアの総称です。また、看護には、健康増進および疾病予防、病気や障害を有する人々、あるいは死に臨む人々のケアが含まれます。このことを念頭に置き、さまざまなケースに合わせて相談いただいたうえで、子どもの受け入れを行います。

この数年は、利用予定のA園が新型コロナウイルス感染症拡大によって休園となり、急遽B園に受け入れ先を変更するといった対応が必要になるなど、コロナ禍ならではの現場対応の大変さがありました。

コロナ禍の影響も考えられる子どもの出生率の低下と、待機児童をなくすための保育施設の充実が図られたことにより、最近では、都内の保育施設の定員に空きがみられるようになりました。また、北区は乳児保育施設が充実していることもあり、緊急保育の利用がしやすく、長期利用希望者に関しても入園がスムーズになってきたと考えられます。しかし、年齢によっては、緊急保育受け入れ園または近隣園への入園が難しい場合もあるため、地域を広げての入園案内は、子どもや保護者に負担が生じるという課題も感じています。

産休明け保育では、生まれた日を含めて58日を過ぎた翌月(58日が月の1日の場合は、その月)から預かることが可能ですが、それ未満の子どもの緊急での受け入れに関する問い合わせもあります。その場合は、緊急保育ではなく、「ベビーシッター利用支援事業(一時預かり利用支援)」の案内となりますが、頼れる親族もいないなかで出産と育児をされる方がいるという現実があります。

地域を支える子育て支援の核となる公立保育園として、さまざまな状況にある家庭への支援、課題を抱えている子どもへの支援など、対応できる保育士の資質向上を図りながら、更なる緊急保育、一時保育の充実を図っていきたいと思います。

参考文献

- 東京都北区ホームページ
https://www.city.kita.tokyo.jp/k-hoiku/kosodate/hoikuen/hoikuen/hoiku/kinkyu.html
- 区立保育所における緊急保育実施要綱北区例規集(東京都)

「子育てに地域資源の活用を」から始まった子育てホームヘルパー事業

CASE 15

「カナン子育てプラザ21」

香川県善通寺市

幼保連携型認定こども園カナン子育てプラザ21は、
2001(平成13)年に社会福祉法人カナン福祉センターに民間委託されました。
それに伴い、香川県善通寺市の乳幼児総合センターとして、通常保育のほかに、
延長保育、病児・病後児保育、一時保育、
地域子育て支援センター、子育てホームヘルパーなど、
子育て支援に関するさまざまなメニューをスタートさせました。
常に「子どもにとって」「保護者にとって」を根底に置いています。
目の前にいる一人ひとりの子どもが健やかに育つために、
地域の子どもたちや保護者にも視点を向けた子育て支援に取り組んでいます。

子育てホームヘルパー事業の始まり

2001(平成13)年、香川県は、子育て支援事業の一環として子育てホームヘルパー事業を開始することになりました。それに先立ち、同年3月、子育てホームヘルパーを養成するために、香川県主催の第1回子育てホームヘルパー養成講座が実施され、善通寺市からも何人か受講していました。

善通寺市には自衛隊、総合病院、大学などがあり、転勤家庭や核家族が多く、休日や夜勤、早朝勤務、出張のときに保育を必要とする家庭が多い状況です。2001(平成13)年5月、地域資源を活用した子育て支援として、県下初の子育てホームヘルパー事業が当園へ委託され、始まりました。早速第1回子育てホームヘルパー養成講座を受講した地域の大学生や子育て中の方が20人程度登録をしました。

そして、善通寺市は2006(平成18)年、「もっとこどもを生み育てやすいまちづくり」を目指し、全国に先駆けて次世代育成行動計画(前期)を作成し、2009(平成21)年から善通寺市独自事業となりました。また、県が行っていた子育てホームヘルパー養成講座が終了したため、子育てヘルパーの養成も当園で実施するようになりました。

子育てホームヘルパーの役割

この事業では、子育て家庭からの依頼と子育てホームヘルパー(以下、ヘルパー)の活動条件が合えば、24時間365日稼働でサポートをします。対象となるのは、0歳児から小学校3年生までの子どもをもつ家庭で、支援内容は、一時的な育児および家事の援助です。

子育てに困難さがあり支援の必要性が高い家庭、長期利用の希望がある家庭の対応は、複数のヘルパーでシフトを決めて行います。ヘルパー同士が情報共有し、子育て家庭のサポートをします。活動場所は、保護者宅、ヘルパー宅、支援センター、病院の待合所など多様で、子どもや保護者の希望を受けながらヘルパーにとっても活動しやす

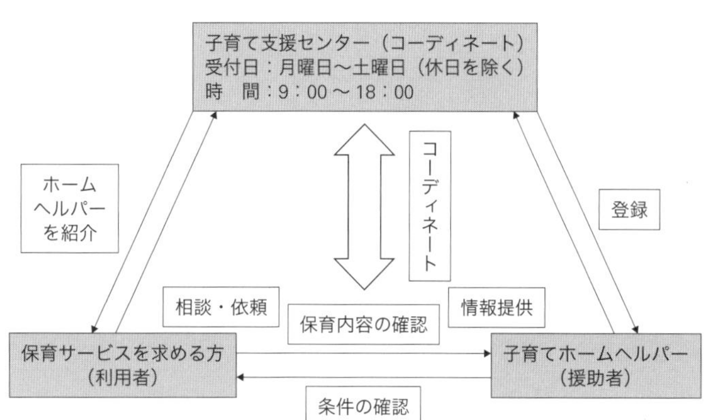

■図6-15-1　子育てホームヘルパー利用までの流れ

い場所で行います。

2009（平成21）年に登録したヘルパーは、すでに引退して代替わりをしています。現在活動しているのは、当園で開催する子育てホームヘルパー養成講座を受講し、善通寺市長から認定を受けている方です。養成講座では、子育てホームヘルパーには、善通寺市にとって子育て家庭を支える重要な仕事であることの認識と誇りをもってほしいということを伝えます。そのために、母親や子どものいつもと違う小さな変化に気づく眼や専門家につなぐ視点をもつための研修を行います。

また、職員とヘルパーは、面談後や活動後に子どもの発達や育つ道すじを共有するため、子どもの行動から今の発達段階を確認して次の行動を予測したり、子どもの発達に合わせた安全を考えて保育できる環境を整えたりします。そして、支援センターの環境を例にするなどして、ヘルパー宅で活動する場合の改善点を話し合い、それぞれの家庭に合った子育て支援ができるように専門性を高めています。

産褥期から支える（家庭での支援）

妊婦検診時に保健師が支援の必要性の高さを感じ、子育てホームヘルパーの活用を紹介した家庭から問い合わせがありました。出産後の利用になりますが、母親は初めての育児への不安感に押しつぶされそうな様子がありました。そこで、ヘルパーは保護者がいつでも利用できるように、経験豊富で臨機応変に対応できる方を複数人コーディネートしました。出産までに「顔合わせ」（保護者とヘルパーと職員の三者面談）をし、授乳や入浴介助、保護者入眠中の保育を行うことなどを打ち合わせしました。

ある日の夜8時過ぎに、1本の電話がかかってきました。「子ども（生後2か月）がずーっと泣いていて、抱っこしてもミルクをあげても泣き止まない。私は寝ることもできない。夫は仕事でいないし、どうしたらよいかわからない。助けて」という切羽詰まった様子のAさんからの電話でした。Aさんの話を少しずつ聞いていくと、ここ数日、子どもがあまり寝てくれず、やっと寝たと思いベッドに寝かせると泣き出すことの繰り返し。1日中子どもの泣き声が止まないことに疲れ、ストレスもピークに達し、とにかく助けてほしいという内容でした。

Aさんは、出産前にご主人とヘルパーとの顔合わせをしていたので、事情を聞いた後、夜分ではあったものの緊急を要すると感じ、ヘルパーに相談しました。すると、ヘルパーは、「いいですよ。すぐに行きましょう」とAさんの家に駆けつけました。終了時間もわからないままの状態でしたが、「今、終わりました。詳しい話はまた明日します」と連絡があったのは夜中でした。

◉ヘルパーからの報告

電話を受けたヘルパーがAさんの家に着くと、暗い部屋の中に疲れ切った表情のAさんがおり、赤ちゃんはベッドの中で泣いていました。まず、電気をつけて部屋を明るくし、赤ちゃんを抱っこしました。そして、Aさんにどうしてほしいかを尋ねると、「とにかくゆっくり眠りたい。子どもを見ていてほしい」とのことだったので、「いいですよ。お母さんはゆっくり寝てください」と言うと、Aさんは「お願いします」と言ってそのまま寝室へ行きました。

赤ちゃんはヘルパーが抱っこしているとしばらくして眠ったので、そっとベッドに寝かせ、そばで見守りました。しばらくすると、祖父母が来られたので、状況を伝えて帰ったという報告でした。

それ以降も時々、依頼の申し込みがありましたが、ご主人が夕方からの仕事なのでたいていは夜の利用でした。祖父母が遠方なので自分1人になるときに支えてほしいようでした。

ある時、ヘルパーから「Kちゃん(赤ちゃん)の表情があまりなくて身体に緊張感があるのが気になります。お母さん、Kちゃんにあまり声をかけてないみたいだし、笑った顔を見たことがないの。ミルクを飲ませているときも黙ったままだし…。」と報告がありました。ヘルパーが「お母さん、Kちゃんにいっぱい声をかけてあげるといいよ。お母さんの声を聞いたら嬉しいと思うよ」と話すと、Aさんは「赤ちゃんに声をかけても、何も返ってこないし…私1人がしゃべってるだけなんて…」と言ったそうです。

その時ヘルパーは、「あっ今はまだ、お母さんに言ったら、負担になるかもしれない」と思い、それ以上言うのはやめました。そこで、それからは家に行くとKちゃんにいろいろと話しかけたり、歌を歌ったり、スキンシップをとったりするようにしました。最初はヘルパーにKちゃんを託すと眠っていたAさんですが、少しずつKちゃんの表情が変わり、笑ったり、声が出たりするようになってくると、ヘルパーのそばで見ながら、「わかるんですかねぇ」と言ったそうです。回を重ねるごとに、Aさんも子どもに声をかけたり、笑ったりするようになってきた、という報告がありました。

その後、当園に入園したKちゃんの姿を見かけたヘルパーは「Kちゃんおおきくなったねぇ。よく笑うようになったね」「もう歩くようになったんやね」と嬉しそうに話しかけ、成長を喜んでいました。

不登校児の家庭を支える（センターでの支援）

Bさん（小学校3年）と保護者の母子家庭では、Bさんが不登校になったことで保護者の元気がなくなり、仕事に行くことが難しい状況になっていたため、保護者が安心して仕事に行ける環境をつくることが必要でした。こちらは、長年、相談をしている善通寺市子育てコーディネーターに話を聞いてもらうとともに、子どもの年齢も踏まえ子育てホームヘルパーの利用の提案を受けていた家庭でした。

Bさん親子、善通寺市子育てコーディネーター、ヘルパー3名、職員（看護師を含む）とで顔合わせをしました。まず、Bさんは持病をもっているので、当園卒園後の病状の経過と現状の確認をしました。次に保護者の仕事の調整具合やほかの地域資源利用の把握を行いました。そして利用時間や日にちの打ち合わせをしました。

保護者からは、Bさんの人見知りや口調の強さに悩んでいることを事前に聞いていました。活動が始まると、Bさんは声をかけても聞こえないふりをしたり、ヘルパーに強い口調で試し行動を行ったりしていました。また、思い通りにいかないときは、すべてをシャットアウトして、動かなくなったりすることもありました。ヘルパーはBさんの思いや行動を全部受け入れ、Bさんの気持ちが切り替わるのを近くで見守り待つ姿がありました。

この事例では、園の支援センターを活動の拠点にしました。それは、Bさんとヘルパーのやりとりや様子を職員が見守り、ヘルパーが困ったときや迷ったときにはその都度、Bさんとどのようにかかわればよいか、一緒に考える機会をもつためです。また、子育てコーディネーターへの相談の内容とヘルパー利用時のBさん親子の様子を共有し、それを踏まえたかかわり方を考えました。

その後、保護者の元気が戻ってきたこと、Bさんが学校に行く日が増えてきたこと、ヘルパーに少しずつ自分の気持ちが話せるようになってきたことなどの情報交換を続けました。今ではヘルパーとBさんが友だちのように話をしながら、図書館や散歩に出かけるようになりました。

子育てホームヘルパー活動の充実と課題

保護者の育児困難や不安は多種多様です。私たちは「子どもにとって」「保護者にとって」を基本にして取り組むことで、保護者の思いを決して否定せず受け止めることの大切さを実感します。たとえ保護者のやり方が違っていても、本人は一生懸命に子育てをしているので、ヘルパーは耳を傾けてその思いを聴くことから始めています。

自分の思いややり方を教えることが押しつけになってしまうことがあってはなりません。AさんやBさんの活動のように、長期的な利用や支援の必要性の高い事例は複数人で対応しています。それはヘルパーの活動も長期になることを意味します。複数の眼でのかかわりは、ヘルパー同士の多角的な見立てにつながり保護者への対応の偏りを防止することができます。

この多角的な見立ては、2か月に一度の定例会でヘルパー同士が情報を共有し、子どもや保護者の気になることを相談したり成長や変化を喜びあったり、活用できる資源の情報を交換したりしてヘルパー間で一緒に考えることから身についています。保護者にとっては複数の人とのかかわりから、さまざまな考えを知ることができ、ヘルパー一人ひとりから子どもを大切にしてくれていると感じることにつながると思います。

◉保護者の心の奥の思いを引き出す

定例会では、活動報告の後に、安全な環境や子どものけが、病気について、保健師や看護師を講師に招き、救命救急などの研修も行っています。

また、子どもの睡眠時間や遊びの様子をメモして保護者に渡すことで、保護者から喜ばれたり、安心してもらえたりすることができ、より信頼関係が深まっています。それは、保護者の心の奥に隠された思いを引き出すきっかけになることもあります。

地域の子どもや保護者、そこで暮らす人が互いに支え合う関係性を続けられるように、今後もヘルパーの養成や質の向上に取り組み、地域に根づかせていきたいと思います。

幼保連携型認定こども園 カナン子育てプラザ21
定員:135名
併設事業:子育てホームヘルプサービス、病児保育、地域子育て支援拠点事業

特別な支援が
特別でない支援に

子育て支援の面展開につなげる

地域社会にはさまざまな子どもや保護者が多様な状況下で存在しています。そのそれぞれのケースに、必要な支援が必要なかたちで提供されているだろうか、という問いが、第6章の事例から浮かび上がってきます。

現在、外国にルーツのある子どもや医療的ケア児は増加していますし、支援の必要な子どもと保護者の状況の多様化も進んでいます。その具体的な支援には、「食文化の違い」といった言葉では捉えきれない、個々のケースにある特有の様相をつかむことが必要です。

どこまでの支援が何のために必要かという見極めをしながら、毎日の実践を積み重ねていくのです。そこには当然ながら専門性が必要になりますが、それだけでなく、多職種連携や施設間連携、行政によるバックアップといった、地域の連帯による子育て支援の面展開につなげていくことも重要です。

今必要な支援がどの地域でも
可能となるような工夫を

紹介した取り組みは、あるときには、目の前の親子の困りごとに応えるために、前例のないシステムをつくり出したり、法的枠組みの変更により制度的な隙間が生まれないようにシステムをつくり変えたりして、今必要な支援が可能となるように工夫されてきています。保育士や看護師、保健師といった有資格者のみならず、地域の支援者も含めて質の向上を目指す取り組みは、各ケースへの対応を真摯に丁寧に協働して行うことにより実質化していきます。

そして、特別な支援を突き詰めていくと、すべての子どもと保護者に必要な、一人ひとりを大切にする保育の基本にたどり着くのです。特別な支援が、どの地域でも特別でない支援になるまで、ともに学び合い、広げていかなくてはと考えさせられます。

（古賀松香）

子育て家庭への さまざまな取り組み

⑤ 縦への支援

CASE 16　学童保育／第二勝田保育園（千葉県）

CASE 17　子ども食堂／認定NPO法人フローレンス「ほいくえん子ども食堂」（宮城県）

学童保育

社会から必要とされる、子どもの居場所と育ちの連続性を確保する

千葉県八千代市

「第二勝田保育園」

千葉県八千代市は、都心まで電車で40分ほどの立地にありながら、
緑も残る環境にあります。
昭和の時代からベッドタウンとして発展、開発が進んできた町です。
1996(平成8)年、都心に直結する地下鉄の開通と併せて大型マンションの分譲が進み、
待機児童の問題が顕在化してきました。
それから20年以上が経過しますが、待機児童問題はいまだ解消せず、
2022(令和4)年4月時点で待機児童数全国ワースト2位、
待機児童増加数全国ワースト1位というありがたくない称号をいただいてしまいました。

次世代に対応した保育施設を目指して

第二勝田保育園の開園は1967(昭和42)年、定員60名でスタートしました。1991(平成3)年には、駅の南側から北側へ移転改築を行いました。改築直後も定員60名で運営を行っていましたが、入園希望者が増加したため、翌年には定員を90名に変更しました。2006(平成18)年頃には改築にかかった借入金返済の目途がたったことから、次世代に対応した保育施設であるためにはどうあるべきか、法人内で検討が始まりました。

増加する待機児童に対応するため、まずは定員を90名から120名に増やすことが、大前提としてありました。そのうえで私たちが大切にしたいと願ったのは、「子どもの居場所」と「育ちの連続性」です。当時の施設、敷地では増築が困難であったため、空き地として放置されていた保育園の隣地(1853㎡)を購入しました。これが2008(平成20)年のことです。

就学後の居場所づくり

◉保育所と学童保育の違いによる保護者の戸惑い

「子どもの居場所」については、市内に児童館がないことから、当初は児童館を建設し、運営することを検討しましたが、結果的にこの案は早々に諦めることになりました。理由としては、社会福祉法人が児童館をゼロから建設し、安定して運営を行うことは財政的に難しいことが挙げられました。

今を生きる子どもたちがおかれている環境は、決して豊かとはいえません。不登校やひきこもりなどの課題に対して、保育施設が果たすべき役割はたくさんありますが、現在の制度上、民間の組織や団体が児童館を運営するためには、国や地元自治体からの財政支援がないことには困難であることが明らかです。

そこで私たちが検討したのは「育ちの連続性」です。当時、市内には各小学校区に1～2施設の学童保育が設置されていました。そのすべての運営母体となっていたのは社会福祉協議会です。設置場所は、小学校の敷地内や公

民館などの市の施設内でした。

保育所を卒園した子どもの保護者からは、保育所では子どもの気持ちに寄り添った保育を経験していたのに、学童保育に行ったら、指導員の指示に沿って一斉に動くことが求められるなど、保育所の職員と学童職員の子どもへの対応の違いについて相談を受けることが多くありました。また、下にきょうだいがいる保護者からは、退勤後に迎えに行く場所が複数になることの苦労と、そのことで発生する時間外保育について、相談を受けることもありました。

◉一人ひとりの子どもの特性に応じた学童保育に

いろいろと話を聞いていくなかで、何よりも心を動かされたのは、少し配慮の必要な子どもが普通級に在籍し、ほかの子どもと同じ条件のもと、学童保育で過ごしているという話でした。その学童保育には、配慮が必要な子どもが安心して過ごせる環境が用意されていないため、その子どもは不安定な気持ちで学童保育での時間を過ごさざるを得ず、そのためたびたび問題となる行動を起こしていました。結果として、学童保育に通うことが困難となり、子どもの母親は仕事を辞めることとなりました。

学童保育に入所する前に、その子どもの特性を引き継ぎ資料としてまとめ、伝えていましたが、学童保育の途中退所が、子どもの特性を十分に理解してもらえなかったことに起因しているとしたら残念なことだと感じました。

これらのことを背景に、2011(平成23)年、私たちは保育所と屋根続きの学童保育を開設しました。保育所は定員90名から120名に変更し、学童保育は「上高野学童保育」(定員40名)としてスタートしました。

開設初年度の学童保育は、定員を1割ほど超える子どもをお預かりし、職員体制としては正規職員の学童指導員1名、そのほかにパートの職員を4名採用しました。

保育所は市内に居住している方ならば、誰でも市内の保育施設を選ぶことができますが、学童保育は学区によって申し込みできる施設が限られることから、ほかの保育施設を卒園した子どもが8割、当園を卒園した子どもが2割での出発でした。この傾向はしばらく続きましたが、当学童へ通わせるために引っ越しをする家庭などもあり、現在は当園の卒園児が6割ぐらいまで増加しています。

また、保育所と学童が密に連携して

いることを重視することから、保育所の入園に際し、住居の検討をする家庭が増加しています。そのため、保育所の受け入れ人数も定員の120％ギリギリという状態を保っています（定員を超過していること、そのすべてが良いことではありませんが）。

定員40名で出発した学童ですが、入所希望者が増加したため、行政と協議のうえ、開設2年目には定員を50名に、4年目には60名に変更しました。それに合わせて常勤の指導員を1名増員し、パート職員も3名増やしました。

現在では、通常時は授業終了後から保護者が迎えに来るまで（19時閉所）が開所時間ですが、夏休み等の小学校休業時は8時〜19時が開所時間となります。長時間の保育となるため、室内でも身体を動かせるように壁面にクライミングを設置しています。時間帯によっては、同時に60名を超える小学生がこの場所で過ごすこともあり、音環境を整えるため、開設当初より天井板には吸音板を使用しています（かなり効果があります）。

1つ屋根の下で、就学前・後の連続性を保つ

学校の休業時（夏休みなど）を除く、通常時の学童職員（正規職員）の勤務時間は11時〜19時の8時間勤務です。11時に出勤すると、保育所での補助業務を

行い、異年齢保育の保育室で、保育士に交ざって、3〜5歳の子どもたちと一緒に給食を食べます。給食後は再び保育所の補助業務を行いますが、13時前には環境整備のため学童へ戻ります。

学童の職員と異年齢クラスの子どもたちは、毎日のように顔を合わせ、いろいろな会話をし、お互いに親しみを抱いています。そのため、シームレスな関係性を保ったまま、卒園後に学童に通うことができます。このことは、保育所と学童保育が同じ屋根の下にある大きな利点だと思います。

また、学童単体ではホールなどを設置することが難しいため、多機能に使うことを考慮し、壁を設けないフラットで見通しの良い設計となっています。子どもたちは常に他者の存在を感じながら時間を過ごしていますが、時にそのことをつらく感じてしまう子どももいます。

他者と同じ空間にいなくてはいけない、でもみんなと目があったり、ダイレクトな接触があるのはちょっと避けたい、という子どものために、階段を上が

る室内テラスと、半地下に掘ったピットがあります。ピット内には火災報知器を設置し、この中にはあえて照明は設置していません。

テラスに寝そべって漫画を読んだり、ピット内でクールダウンしたり…。子どもたちは思い思いに活用しています。

学童保育を開設して3年ほどが過ぎた頃、園に通う5歳の女の子に「園長先生はなんで学童保育をつくることにしたの？」と聞かれたことがあります。大人の事情を話せばいろいろ理由はあります。この先、少子化が進んでも学童を併設していたら運営に困ることはないだろうなとか、保護者の利便性が増せば、施設のポテンシャルは上がるだろうなとか…。保育所でかかわった子どもたちの育ちをそのまま見続けたいという思いも当然ありました。

そのときの私は、たくさんある選択肢のなかから、どう答えたらいいかなと困った顔をしていたのだと思います。正解を見つけられない私に、その子どもはこう教えてくれました。「私たちが困らないように学童をつくってくれたんでしょ！」あぁそうなんだな、私はこの子たちが困らないようにしたかったのかと、自分では気がつかなかった答えを教えてくれました。

◉社会の要請に応える

保育所の開設にはいろいろな理由があるかと思います。近年では、待機児童対策がその上位に挙げられるかもしれません。私たちの法人がスタートした昭和30年代初期は、戦後復興を背景とした貧困に対応することが大きな理由でした。現代と昔では、保育所を開設する理由は異なりますが、「社会から求められて」というのは変わらないのかもしれません。

私が学童保育を開設した理由には、前述のようにいろいろな想いがあります。保護者の利便性を上げる、保育施設に学童が併設されていることにより保育施設の総合的なポテンシャルが上がる、その結果として選ばれる施設になる…。しかしながら、一番大切なのは「社会から必要とされているから」。言い換えれば、「子どもたちがその施設を必要と感じ、それが伝わったから」だと思います。「運営者が運営上必要と感じた」でもなく、「行政が必要とした」でもなく、「子どもにとってどうか」の視点が、保育施設を運営する際の譲ってはいけない柱であると思います。

現在話題になっている「幼児教育と小学校教育の架け橋」において、5歳児から小学校1年生までの2年間を重要な接続期として議論する動きがありますが、この接続期に学童保育が担うことのできる役割は少なくないと思います。学習に課題がある子どもには、小学校よりも手厚い職員の配置による対応をすることができます。また、入学初期において、小学校の担任や、何よりも小学校というシステムそのものになじむのに時間が必要な子どもには、学童と同じ屋根の下にある保育所の職員がかかわることが可能です。不適切な子育て環境にある家庭に対する支援についても、乳児の頃から対応している施設が継続して見守ることができます。

保育所と学童保育が切れ目なく連携することのメリットは多岐にわたります。学童保育は、ただ放課後の預かりに留まらず、不安定な状況にある「接続期」の子どもにとって心安らぐ、大切な場所だと思います。そして、その場所が提供できるのは、子どもと毎日の保育を紡いできた保育施設にほかならないと考えます。

第二勝田保育園　定員：120名
上高野学童保育所

子ども食堂

地域の誰もが利用できる「みんなの保育園」に向けた「子ども食堂」の運営

宮城県仙台市

認定NPO法人フローレンス
「ほいくえん子ども食堂」

NPO法人全国こども食堂支援センター・むすびえの調査によると、2021（令和3）年現在、全国に子ども食堂は6007か所。コロナ禍にあっても前年比1047か所増と高い伸びを示しています。同団体によるアンケートでは、子ども食堂の開催目的として、食事の提供に加えて、子どもの居場所づくりが多く挙げられています。保育所で開催されている例はそれほど多くありませんが、保護者にとっても、子どもにとっても、サポートするボランティアにとっても、親和性が高いと考えられます。地域に当たり前にある保育施設を活用した子ども食堂は、地域の子育て家庭にもなじみやすく、気軽な居場所として受け入れられやすく、仲間をつくりやすいという特徴があります。保育所での開催は、地域の子育て家庭への支援の一案として考える価値があります。ここでは、仙台市内の3か所の保育所で、2019（令和元）年から段階的に子ども食堂を展開してきた認定NPO法人フローレンスに、子ども食堂の意義や効果などを伺います。

（写真提供：認定NPO法人フローレンス）

きっかけは、子どもの孤食と家事の負担軽減

「家庭では作らない食事や、栄養バランスを考えた献立なので、非常に助かります。また、家に帰って夕ご飯のことを考えなくていいので気が楽ですね」。こう話すのは、おうち保育園こうとう台の子ども食堂を定期的に利用する母親。自身の子どもはこうとう台園に通っていませんが、ママ友からの口コミで利用するようになったといいます。

現在はコロナ禍のため、事前予約制によるテイクアウトのみですが、毎回20食超の募集枠が一瞬で埋まってしまい、（こうとう台では）2020（令和2）年から始めた取り組みが地域に浸透している様子がうかがえます。

「仙台市青葉区内の保育所では、2019（令和元）年よりおうち保育園かしわぎ（企業主導型）で子ども食堂を開始し、翌年にはおうち保育園こうとう台（小規模認可）、2022（令和4）年よりおうち保育園木町どおり（小規模認可）で開催し、取り組みを広げてきました。少子化による待機児童問題解消が目の前に迫ってきた昨今、今後何ができるかを考えたときに、地域の子育て家庭の課題として、“子どもの孤食”や“孤独な子育ての悩み”がありました。“孤食”とは、家庭で子どもが1人でご飯を食べている状態だけではなく、保護者と一緒にテーブルを囲んで食事ができないという環境も指していると考えています。子ども食堂でみんなが同じテーブルを囲み同じものを食べる、誰もが

テイクアウトの準備を行う子ども食堂のスタッフ。保育時間中の園児への配慮と感染防止対策としてカーテンで仕切って運営している

気楽に集える場所にしたいと考えています」(認定NPO法人フローレンス仙台支社の管理栄養士の中幡千保美さん)。

夕食を作る時間を子どもとともに過ごす時間に充てているという利用者の声も聞かれることから、保護者の負担軽減だけでなく、親子の時間を育むことにも一役買っているといえます。

子ども食堂の実際
―― 情報交換・地域の交流の場としての機能

ここで、子ども食堂の流れをみていきましょう。前日までに予約を受け付け、当日は16時30分から18時30分まで窓口を設けています。イートイン時は月3回、1回3時間の開催でしたが、現在は、新型コロナウイルス感染症の流行のため3園とも月1回のテイクアウトでの受付となっています。料金は大人1食300円、子どもは無料です。1回あたり20～30食提供とのことですが、告知はどのように行っているのでしょうか。「SNSでの宣伝に加えて、子育て支援施設や児童館、小学校でのチラシ配布が主です」(中幡さん)。

子ども食堂の利用割合として、園に通う関係者は30%程度で、残りの70%は卒園児を含めた地域の住民が利用しており、地域資源の一部として存在していることが窺(うかが)えます。また、保育所での開催ということで、3歳未満児をもつ家庭の利用が多いのが特徴といいます。「3歳未満児がいると外食はしづらいものですが、子ども食堂には子どもたちに合った食具やテーブル、いすがあり、遊べる遊具もあります。また、子どもたちが遊んでいる間に同世代の子どもを抱える保護者同士で情報交換を行っている様子から、保育所で行う子ども食堂の意義を感じています」(中幡さん)。

地域住民の利用では、イートインでの開催時は近隣の小学生が子どもだけで訪れることもあります。大学生ボランティアの協力も得て、映画鑑賞やクッキーづくりなどの居場所づくりにつながるコンテンツイベントを併せて開催し、地域の交流の場となっているといいます。「卒園したお子さんが集う

実際に保育士が絵本の読み聞かせをしている様子

食事の提供だけでなく、居場所づくりや保育所ならではの専門性の提供にも一役買っている

機会にもなり、在園児との交流が生まれているのがうれしいですね」と中幡さん。卒園後の新しい環境に慣れるまで、なじみの保育所が彼らにとっての安全基地にもなっているようです。

コロナ禍でも工夫を凝らした運営を

新型コロナウイルス蔓延（まんえん）の影響から、現在はテイクアウトの提供に切り替えた子ども食堂。私たちも交流の場としての役割を大切に考えてきたので、交流の場がもてないコロナ禍の今は、子育て支援情報を提供するなどつながりをもてるように工夫をしました。

「また、コロナ禍での緊急支援として食材を届ける宅食支援を行っていた時期がありました。コロナ禍の折、急に地域とのつながりが途絶え、買い物にも出られない状況の家庭も多く、訪問支援として宅食のニーズは高かったです。加えて通常の子ども食堂では近隣住民が対象となりますが、宅食支援では市内だけではなく、市外の支援を必要とする子育て家庭にも食材を届けることができました」。

緊急的な取り組みではありましたが、学校が休校になると給食を食べることができず、宅食のサービスをありがたく感じる家庭もあったといいます。図7-17-1のとおり、子ども食堂の目的は単に食事提供だけでなく、交流の場として考えている事業所が多いのが実態

栄養バランスを考えた食事は、テイクアウトも好評

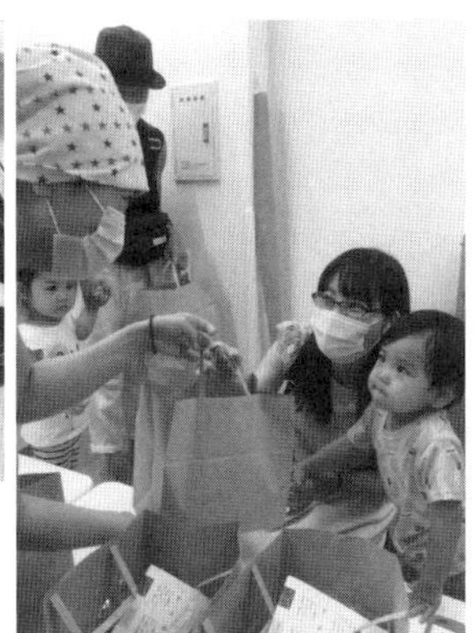

です。コロナ禍でも志をもって事業を立ち上げ、継続している方々が多いのがその表れといえます。今後も予断を許さない状況が続きますが、テイクアウトや宅配などを通して、地域の子育て家庭と接点をもつ機会の創出に期待したいと思います。

保育所の役割と専門性の向上

これまで見てきたとおり、従来の入園児への保護者支援から、地域の子育て家庭への支援に向けて、子ども食堂の果たす役割は大きいといえます。また「保育所の機能を地域に貢献・示すことのできる機会」になるともいいます。「保育所は地域に当たり前に存在するので、子育て家庭にとって福祉施設のなかではなじみやすく、利用のハードルは低いと考えます」と中幡さん。

そのためにも、保育者の子育て支援の専門性を高める努力は欠かせません。フローレンス仙台支社には、ソー

■図7-17-1　子ども食堂の主な目的

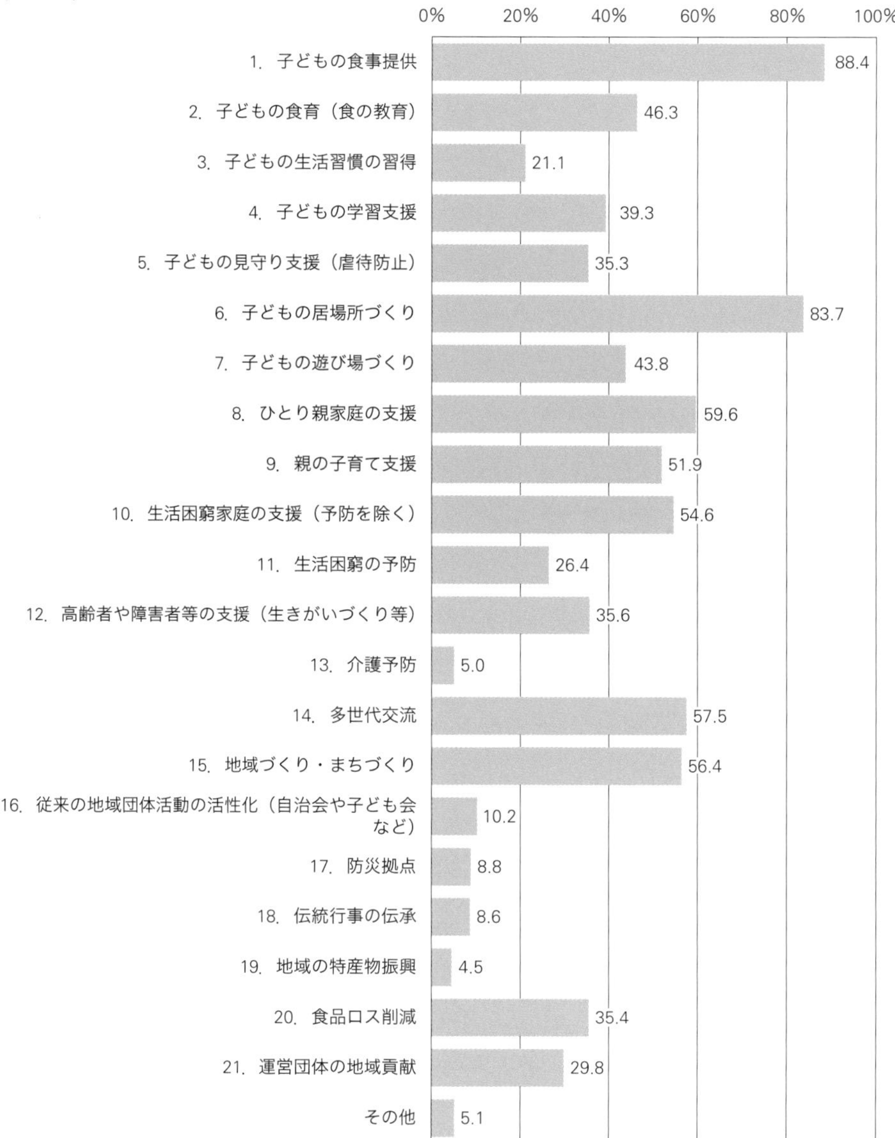

出典:NPO法人全国こども食堂支援センター・むすびえ「第1回全国こども食堂実態調査結果」p.3、2022年

シャルワークの専門職として清水幸子さんが所属し、管轄する園の子育て家庭の相談支援、保育者の研修などを行っています。「フローレンスとして、障害のあるなしにかかわらず、保育所に通園中の社会課題があるすべてのご家庭が支援対象と考えているので、保護者の相談支援は大切な業務の一つです。そのためにも保育者には定期的に研修を行っています」(清水さん)。

子ども食堂を通して地域の子育て家庭がつながることは、園で働く保育者の専門性をアウトプットする機会となり、保育所の相談機能としての役割を果たしています。「近くに頼れる人がいないので、先生方に気軽に相談でき救われました」(利用者の声)。「３園とも市街地にあり、転勤族の多い地区ですので、何かのときに頼れる人が近くにいない方も少なくありません。ぜひ子ども食堂を頼ってほしいと考えています」。

子ども食堂は貧困家庭を対象とした支援というイメージが根強く、活動への理解や「誰でも気軽に利用できるもの」としての理解がなかなか得られないこともありましたが、あえて「子ども食堂」という名前を掲げ、誰もが利用できる子ども食堂として活動をしているそうです。

行政との連携と継続する体力

今後、保育所等が子ども食堂を運営するにあたって、先駆者としてのアドバイスを尋ねると「行政の協力」と「持ち出し事業を続ける体力」を挙げます。「認可園での開催を進めるなかで、保育事業を管轄する担当課から"保育園で子ども食堂を行うことは、施設の目的外使用にあたる"と指摘を受け、安心・安全な保育運営と子ども食堂を両立することが求められました。そのため、子ども食堂の運営マニュアルを整備し、何度も行政の窓口の方とやりとりをして開催に至りました」と中幡さん。子ども食堂への助成金の多くは、実費分を賄うのがやっとで、人件費などは運営側の持ち出しとなります。保育所の機能を活かした子ども食堂を継続させるためにも金銭的な体力は必要不可欠です。現在は、ボランティアさんの参画と寄付、民間助成金の情報収集をして成り立っています。

単発の取り組みでは地域の居場所にはなりにくく、継続的なものでないと意味がありません。「未就学児は、心も身体も成長が著しく、保護者の悩みや不安も大きい時期になります。そうした時期に、子ども食堂や保育所とつながっている意味は大きいです。保育所に子ども食堂があることで、保育所等に通わない子育て家庭(いわゆる「無園児」家庭)も含めて、保育所が地域のセーフティネットとして多機能的に何ができるかを考えていきたいと思いますね」。

子どもの貧困対策として考えられることの多い子ども食堂。保育所の専門性を活かした子ども食堂は、地域のみんなの保育所としての役割を発揮できる事業といえるでしょう。(取材編集部)

認定NPO法人フローレンス
おうち保育園
おうち保育園かしわぎ(企業主導型保育所)定員19名
おうち保育園こうとう台(小規模認可保育所)定員12名
おうち保育園木町どおり(小規模認可保育所)定員12名

地域のつながりのなかで、継続性のある支援を行う

地域のつながりのなかでの支援

日本の相対的貧困が問題となって以来、子ども食堂を通して、食事や地域の縁をつなぐ活動が多く生まれてきました。全国こども食堂支援センター・むすびえの調査では、2022（令和4）年現在、7331か所が活動を続けています。2020年以降のコロナ禍を境に、一時的に活動を自粛した団体も多くありましたが、おうち保育園のように、活動をつないできた園もあります。

園では、家庭の状況に応じた多様性あるインクルーシブな支援が求められています。特に、子ども食堂は、収入が低い家庭やひとり親家庭、親子の関係に課題があるケースや多文化の家庭など多様な家庭への支援が求められます。

事例からは、利用者を貧困家庭に限定しているわけではなく、また、単に食事を提供することだけではなく、人と人との縁をつなぎ、食を通して、地域の関係をつくることが目指されていることがわかります。地域のさまざまな人がかかわり、支援を受ける側、支える側がともにかかわり理解することで、子どもと保護者を支える地域が創られていくのです。

卒園後もつながることの大切さ

保育園では、それぞれの家庭の「保育を必要とする」時間に応じて対応することで、子どもだけでなく保護者も安心して利用することができていました。

卒園後も3月末までは園で過ごすことができますが、4月1日からは、新たな居場所が必要になります。

厚生労働省によれば、放課後児童健全育成事業（学童保育）は2022（令和4）年5月現在、2万6683か所あり、139万2158人が登録しています。1998（平成10）年（9729か所、登録34万8543人）からみれば、大きく増加していることがわかります。実施場所は、学校の余裕教室、学校敷地内専用施設、児童館などが多いですが、卒園後の居場所づくりのため、保育園に開設されているケースもあります。

第二勝田保育園のように保育園内に学童保育があれば、卒園の際に大きな変化が生じることなく、継続的な利用が可能となり、就学時の変化にも対応できますし、他園の卒園児など、新たなニーズへの対応も可能です。今後、人口減少地域の園などでの複合化は必要となると思われます。

（石井章仁）

子育て家庭への さまざまな取り組み

⑥ 子育て支援を担う人材の育成・地域との協働

CASE 18 人材育成と園内研修・自己評価／東金市立保育所・認定こども園（千葉県）

CASE 19 園内研究「公開保育」研修／東京都北区公立保育園（東京都）

CASE 20 人材育成／京都市営保育所長研究会（京都府）

CASE 21 園小中の一貫支援／睦沢町立睦沢こども園（千葉県）

CASE 22 地域資源の活用／渋谷区立富ヶ谷保育園（東京都）

渋谷区立富ヶ谷保育園
東京都北区公立保育園
東金市立保育所・認定こども園
睦沢町立睦沢こども園
京都市営保育所長研究会

CASE
18

千葉県東金市

「東金市立保育所・認定こども園」

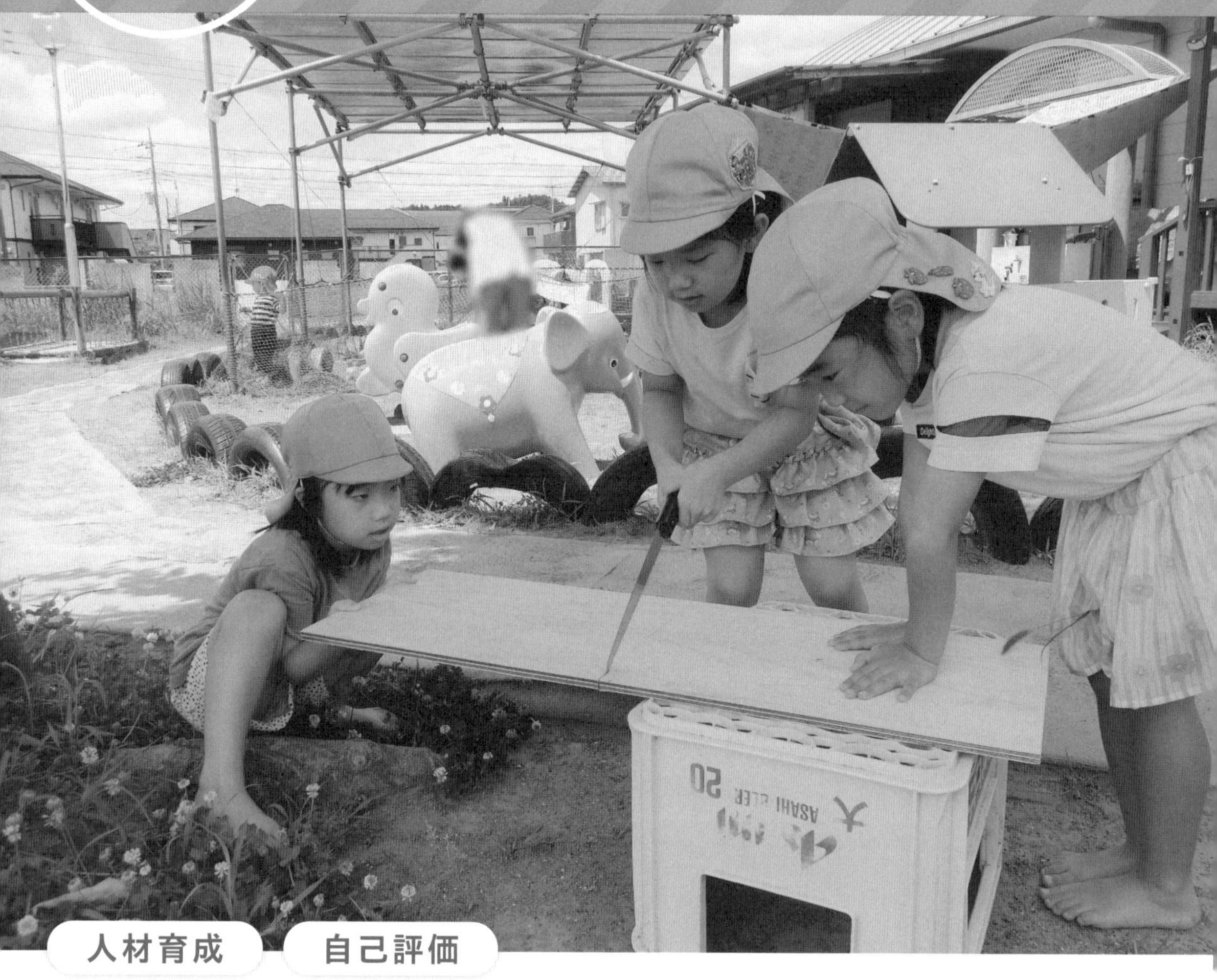

人材育成　自己評価

人口減少地域における
人材育成と
園内研修・自己評価の取り組み

少子化による園児数減少により、
今後は保育の量よりも質が問われる時代になります。
自治体として人材の研修・育成、
さらには評価のしくみまでサポートする事例を紹介します。

園内研修から保育者の意識改革！保育者としての育ち！

◉「保育者が変われば子どもも変わる」

千葉県東金市は、九十九里浜から10kmほどの場所にある山武郡市の中核市です。市内には市立の幼稚園7園、保育所3園、認定こども園2園、私立の幼稚園1園、保育所2園、認定こども園1園があり、人口減少・少子化地域ではありますが、保育ニーズは増えています。

東金市では、市立幼稚園・保育所の今後のあり方として、2019（平成31）年3月に、認定こども園への転換による現有施設の有効活用と民間移行による老朽施設の更新を進めていくことで、保護者の就労状況にかかわらず、子どもを受け入れできる施設が10年後には原則として各小学校区にあることを、2027（令和9）年度までの幼保再編の方針として定めています。

2020（令和2）年度に保育所1園を認定こども園に転換し、2021（令和3）年度末に幼稚園1園を廃止、2022（令和4）年度に保育所をさらに1園、認定こども園へと転換しました。今後も園児数の減少や少子化に伴い、施設の統廃合や認定こども園への転換を進めていきます。

東金市は田園地帯が多く、保育所・認定こども園が地域の子育ての拠点ともなっており、地域とのかかわりも根強いものがあるため、施設の統廃合などは難しい課題が残されています。

2017（平成29）年には、認定こども園への転換を踏まえ、幼稚園と教育・保育内容等の整合性を図るなかで、『園内研修』に取り組もうということになり、それまで長年行ってきた保育に疑問を感じることもない日々に、“外部からの視点を導入することが刺激となるのではないか”と考え、園内研修の一環として大学より専門の講師を招き、『巡回指導』という形で各園で年2回行うこととなりました。講師が各園の保育の様子を動画に撮影し、評価や振り返りをすることで、自分たちの保育を見直すきっかけづくりとなりました。

園内研修は、正規・非正規職員関係なく全員が参加できるようグループを分けて複数回開催するなどの工夫をし、日々の保育のなかから事例をもち寄って子ども理解に向けた話し合いなどを行います。多方面から意見を聞くことで保育の幅が広がり、コミュニケーションの重要性を感じています。

こういった取り組みにより保育者の意識が変わりつつあり、それに伴って子どもの姿も変わってきました。それまでは「〇〇していいですか？」と言っ

園内研修の様子

ていた子どもが「先生！ 今日は○○しようよ！」と積極的に自分の意見を言うようになってきました。巡回指導での助言から、保育者自身が保育についてじっくりと向かい合い考えを深めていくことで、PDCAサイクルができはじめてきました。

子ども主体の保育による変化

園内研修に取り組みはじめて6年が経ちましたが、そのなかで保育所・認定こども園での取り組みや保育者の変化について感じたことの1つは、“子ども主体の保育を意識するようになったこと”です。それまでは「今日は、外で遊びましょう」と一斉に戸外へ出て遊んでいましたが、現在は外遊びへ行きたくない子どもは室内で好きな遊びをして過ごしています。また、男の子だから、女の子だから○色にしようという概念から、子どもたちがそれぞれ好きな色を選べるようにしようという考え方に変わりました。これは、子ども主体であると同時に、子どもを尊重する保育者の心構えの変化のように思います。

もう1つは、“環境構成を意識するようになったこと”です。子どもの興味や関心を探って用具や道具を用意したり、遊ぶ場の設定をしたりと、保育者一人ひとりが試行錯誤しながら取り組むようになりました。そして、子どもの遊ぶ姿から環境を再構成することの大切さも学び、ちょっとした工夫が子どもの「楽しかった！」につながることがわかりました。それまで登園を嫌がっていた子どもが、「明日も○○したい！」と登園を楽しみにする姿が多く見られるようになりました。

◉環境を再構成した取り組み

狭いスペースでのお店屋さんごっこは、子どもたちの動線が窮屈でスムーズにいきませんでした。“どうしたら子どもたちが楽しめるコーナーになるだろうか”と試行錯誤してみました。

そこで、スペースを広げて動線を考え、環境を再構成してみると、子どもたちは自身の経験から日常を再現する

以前のお店屋さんごっこの様子（窮屈！）

スペースを広げて環境を再構成

かのように楽しく遊びだしました。保育者が手づくりしたカートやレジも大盛況でした。

◉子どもたちの発想を大切に 環境構成を整える

5歳児を中心に、保育室の一角にお化け屋敷をつくってみましたが、小さい子どもたちは怖くて入ることができません。

そのことに気づいた5歳児から「ジャングルをつくろう」と発案があり、ジャングルづくりが始まりました。

ジャングルは、いつでも誰でも遊びに来られる場となり、自然に異年齢児がかかわり、継続的に遊ぶことができるようになりました。小さい友だちが楽しそうに遊んでいる様子を見て、5歳の子どもたちはとても喜び、満足感と達成感に溢れていました。保育室に常設されたジャングルは、年度を越えてさらに発展していきます。

環境構成が子どもの“やってみたい！”“やりたい！”という気持ちを盛り上げ、毎日こつこつと取り組む活動になりました。

子どもたちの思いが遊びに活かされている

1クラス全体を使った常設のジャングル

やってみたい！が 形になった取り組み

3歳児の「お家をつくりたい」という声を受け止め、材料集めからはじめました。子どもたちの夢の実現に向けて土台となる柱は保育者が建て、小さな大工さんたちが釘を打ったり、のこぎりで切ったりと作業を進めていきました。

初めての作業も“やってみたい”という気持ちを大切に、豊かな経験へとつなげていきました。

「どうしたら倒れないかな？ 輪ゴムは？テープはどうかな？」と、子どもたちは試行錯誤を重ね、3歳児と保育者との合作の『家』が完成し、夢が実現したことで大満足の様子でした。

◉友だちと協同で
1つのものをつくり上げる

5歳児に絵本『にぎやかもりのツリーハウス』を読むと「ツリーハウスをつくりたい」と言ってつくりはじめ、異年齢児も参加し、段ボールに色塗りをしたり動物をつくったりしました。3歳児は、つくった動物に喜んで乗っていました。

現在、ツリーハウスは幹と葉っぱの部分を修理中！ もうすぐ完成です。「出来上がったらみんなでキャンプをするんだ！」と楽しみにしています。

◉水族館づくり

「水族館で見てきたものをつくりたい！」と、段ボールでつくりはじめたA君。それを見たほかの子どもも加わり、水族館づくりが始まりました。図鑑や写真を用意するとイメージをもちやすくなり、次々と制作意欲が湧いてきて「ペンギンをつくりたい」「カメも」となりました。そして、それに合わせてさまざまな材料を用意しました。

カメの甲羅や手足の細かい模様まで図鑑を見ながら表現し、友だちと意見を出し合いながら完成させました。

幼保の連携
── 幼保一体化に向けて

2017（平成29）年3月には、将来の幼保一体化を見据え、就学前の子どもが市立の幼稚園・保育所・認定こども園のどの施設に通っていても、同じ内容の教育・保育を受け、小学校へのスムーズな

小さな大工さんたち

釘を打つという貴重な経験

完成した家でごっこ遊びも盛り上がる

大きなヘビのトンネルになるよ

ツリーハウス、まもなく完成

ライオンにみえるかなあ？

つくった動物で遊ぼう！

接続が図れるよう、それまで培ってきたそれぞれのノウハウを十分に活かした「東金市立幼稚園・保育所・認定こども園共通カリキュラム」を策定し、市立全施設で導入しました。策定にあたっては、幼保施設の職員をメンバーとするカリキュラム策定会議を立ち上げ、幼保の相違から折り合いをつけるのは容易ではないなか、検討を重ねて完成させ、さらにわかりやすくするために年齢児別の会議も設け、写真を入れた事例集を追加しました。

また、小学校への接続をスムーズにするために、幼保の実際の事例を盛り込んだわかりやすいアプローチカリキュラムも2021（令和3）年度に完成しました。これを大元のPLAN（計画）とし、日々の保育に取り組んでいます。

共同で海中のイメージを描く

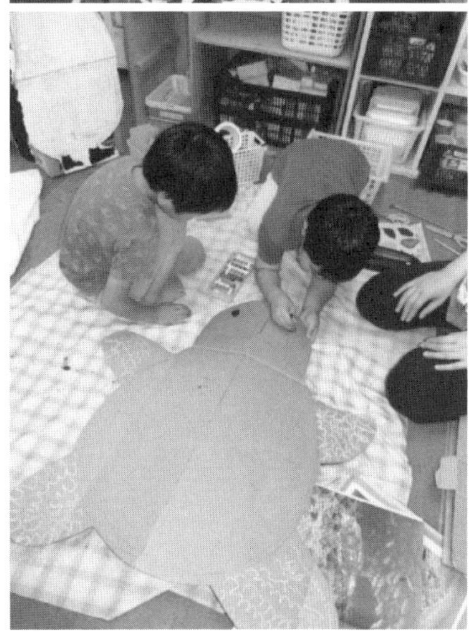
段ボールでカメを制作

自己評価と園内研修の課題への取り組み

年度末には、各園で1年間の園内研修をまとめ、発表の場を設けています。各園において、年度当初に定めた『全体的な計画』などをもとに、『園内研修の計画・経過』、『外部講師による巡回指導を受けての課題』、『研修の成果・課題』や、本市の保育理念・方針に基づ

（共通カリキュラム）

「東金市立幼稚園・保育所・認定こども園共通カリキュラム」
http://www.city.togane.chiba.jp/0000004548.html

（アプローチカリキュラム）

東金市立幼稚園・保育所・認定こども園共通アプローチカリキュラム

	アプローチカリキュラム 9 月 ～ 3 月（5歳児）	予想される子どもの姿 4月～（1年生）
ねらい	・体を十分に動かし、友達と一緒に目的をもった活動に取り組むことの楽しさを味わう。 ・友達と互いに思いや考えを出し合い、力を合わせて遊びを進めようとする。 ・友達と共通の目的をもって遊びや生活を進め、やり遂げる喜びと充実感を味わう。 ・就学への期待をもち、自信をもって生活する。	・新しい環境に慣れ親しむ。 ・学校生活に必要な習慣を身に付ける。（掃除の仕方、給食の配膳等）
育みたい資質・能力　知識及び技能の基礎　「気付く」「できる」「分かる」力	「おはよう！カナヘビさん」「お水をあげるよ」友達と一緒に毎日お世話をしながら、図鑑を見て調べます。 週の予定、毎日の予定を見て、見通しを持って生活をします。先生に言われなくても、台布巾の準備も消毒も自分達で行っています。 縄跳びチャンピオン！「すごいね！おめでとう！」友達の出来た事を共に喜び合い認めることができました。 寒い朝、氷をみつけた子どもたち。「もっと大きな氷が作れるかな？」大きな穴を掘って、氷作りに挑戦。「やった！大成功！」冬の自然に気づいた子どもたちです。 野菜を細かく切って色水作りをしました。「きゅうりとキャベツはこんなに色が違うんだ！」身近な素材を工夫して遊びに取り入れています。	・先生や友達に元気よく挨拶をする。 ・クラスの友達や上級生との交流を楽しむ。 ・学校の中の施設について知る。（学校探検） ・学校の中にはどの様な人がいるのかを知る。 ・準備や片づけ等、身の回りのことは、自分で行う。 ・その場に応じた言葉の使い方ができる。
思考力・判断力・表現力等の基礎　「工夫する」「試す」「考える」「表現する」力	縄跳び何回跳べるかな？自分たちで、何回跳べたか記録することで、意欲も高まります。かるたは、読み手も自分たちでやっています！何枚とれたかな？ 「みんな聞いて」友達の話を聞いたり、自分の思ったことを言ったり、言葉で伝え合う喜びを味わいながらお店屋さんごっこの話し合いをしていきます。 先生：「ここでまわってみる？」子：「これ、かっこいいね！」音楽に合わせて自由に表現して楽しんでいます。 先生：「今日の出来事で楽しかったことは何ですか？」子：「はい！僕は○○が楽しかったです」みんなの前で、しっかりと言葉で伝えることができました。周りの友達は、聞くことも上手になりました。	・学校生活に必要なきまりやマナーを考え、守ろうとする。 ・学校であったことをお家の人に伝える。 ・先生や友達の話をじっくり聞こうとする。 ・生き物とのかかわり方を考え、行動する。 ・自分の思ったことを適切に表現する。（わからないときや困ったときには、言葉で伝える。）
学びに向かう力・人間性等　「意欲をもつ」「頑張る」「粘り強く取り組む」力	海賊ごっこで遊んでいた子どもたち。「海賊船つくりたいなぁ」「牛乳パックで作ろうよ」友達とアイディアを出し合い作り上げ、いざ出航！ お祭りごっこをしよう！「こっちはどうする？」友達とイメージを出し合い、感じたこと想像したことを表現しながら遊びを進めていきます。 「白組がんばるぞ～！！エイエイオー」「赤組負けるな！！エイエイオー」力を合わせ、競い合って綱引きをしました。 上手くできなかった雲梯、出来るようになったころには、手にまめが。たくさん頑張った勲章です！ チーム分けも自分たちで決めて、集団遊び（ドッヂボール）をすれば、いつの間にか、体はポカポカ。寒い中でも体を動かして遊びます。	・先生や友達、上級生と楽しく遊ぶ。 ・学校生活・学習を楽しみにし通学する。 ・時間や約束を守ることの大切さを知り行動する。 ・生き物や草花に関心をもち、触れ合うことや、世話をすることを楽しむ。 ・通学路の様子や安全を守ってくれている人がいることを知り、安全な登下校をしようとする。
家庭との連携	・生活習慣を見直し、早寝早起き朝ごはんを家庭と一緒に習慣としていく。 ・行事に参加してもらうことで成長を共に喜び、就学へ向けて連携をとっていく。 ・おたより、ドキュメンテーション等を通して、園での様子を知らせていく。 ・就学に向けての保護者の不安に寄り添い共に考えていく。	予想される、小学校教諭の環境構成（○）と配慮事項（＊） ＊子どもの不安を受け止め、新しい生活に慣れていけるよう一人一人の様子を注視し、接するようにする。 ○学校生活に必要なきまりやマナーを可視化することでわかりやすくする。 ＊話しやすい雰囲気作りをし、信頼関係を築いていく。 ○上級生との交流をもつことで安心して学校生活がおくれるようにする。 ○生き物の世話をすることで学校に親しみがもてるようにする。
小学校との連携	・**連携会議等**（保幼小職員が集まり、情報を共有することで小学校のスタートがスムーズにいくようにする。） ・**交流会**（1年生と年長児で交流を図ることで、小学校がどんなところなんだろうという不安を少しでもなくなるようにする。） ・**保幼小研修会**（一同に会し、同じ研修を受け共通の認識を持つことで、スムーズな接続を図る。また、職員同士の交流の場とする。） ・**小学校の運動会に参加：招待児レース**（小学校へ行き、行事に参加することで学校への不安をなくし期待が持てるようにする。） ・**クラス編成会議**（入学に向けクラス編成を行い、小学校へ子どもの情報提供をすることで、学校生活が安定して送れるようにする。） ・**指導要録**（保育要録）の提出（指導要録等に子どもの成長過程を記入し提出することで、小学校での支援や指導がスムーズに行えるようにする。）	

幼児期の終わりまでに育って欲しい姿「10の姿」

健康な心と体
●保育者や友達と十分体を動かして楽しめるよう遊具などの環境を整備する。＊生活の中で次は何を何のためにするかを自ら考えて行動できるようにする。

自立心
●「頑張ったり」「我慢したり」「自分がすごいと思えたり」する経験ができる機会をたくさんつくっていく。

協同性
●友達と一緒にやることで、自分一人でやるよりも、もっと大きくて素敵なことを実現できるという体験ができる環境を作っていく。

道徳性・規範意識の芽生え
●ルールを理解したり、その必要性に気付いたり、という道徳性や規範意識、自分の気持ちを調整する力や人への思いやりの気持ちを育てていく。

社会生活との関わり
●地域の方とのふれあいの場を設けたり、公共の場の利用の仕方を知らせたりしていく。

思考力の芽生え
●友達や保育者との対話を通して新しい考えを生み出す喜びや楽しさを味わえるようにする。

自然との関わり・生命尊重
●様々な自然との出会いを工夫し、そこで遊ぶことを通して自然に親しみ、大切にする心を育てていく。

数量や図形、標識や文字などへの関心・感覚
●遊びや生活の中で、数量や図形、文字などに出会い、その必要性が感じられる体験を重ねられるようにしていく。

言葉による伝え合い
●大人の言葉や物語から言葉の刺激を与えられるようにし、遊びや生活の中で言葉を使ってのやり取りの場面を多くもつようにする。

豊かな感性と表現
●作品の最終的な形ではなく、表現しているときの子どもの喜びや工夫に気付き、しっかりと受け止め他の子にも伝えることで表現する楽しさを味わえるようにする。

※活動内容は事例であり、園や年度により異なります。　※「幼児期の終わりまでに育ってほしい姿【10の姿】」は到達目標ではなく「このような方向に向けて指導を進めましょう」という方向性です。
※5歳児の8月以前の活動については「共通カリキュラム」の「年間指導計画」を参照してください。　※「予想される子どもの姿」は、就学前児童施設側から予想する姿であり、東金市の共通の「スタートカリキュラム」ではありません。

59

く評価の観点から園の自己評価を行います。そして、この評価に関する資料は、『東金市立保育所・認定こども園自己評価』[*1]としてまとめ、市のホームページで公表することにより、保育の質の向上を目指す取り組みとなっています。公表している自己評価のほか、別冊子で、写真を多用してわかりやすくまとめた『事例集』も作成しています。

園内研修を進めるなかで、課題も見えてきます。その課題を次年度に活かせるように全園共通テーマのほか各園においてサブテーマを決め、課題を克服していけるように取り組んでいます。

各園ではドキュメンテーションづくりも積極的に行い、子どもの遊ぶ姿、育ちや学びの様子などを保護者に伝えています。保護者もそれを楽しみにしてくれて送迎時に見入る姿も見受けられます。一方通行にならないように、保護者からの声をメモを使って聴いている園もあり、園の評価の1つにもなっています。

園内研修を通して子どもの育ちを捉えたときに感じるのは、巡回指導を重ねたことで保育の考え方、捉え方が変化しつつあり、保育者のさまざまな工夫と試行錯誤が日常的になってきたこと、そして、子どもの“やってみたい！”を実現しようと奮闘する保育者の姿です。園内研修を通して共通理解を深め、全保育者が同じ方向を向いて保育していかなければと思います。保育者は、『子育て・子育ち』、そして保護者とともに『自分育て』をしているのだと思います。

＊1：「東金市立保育所・認定こども園自己評価（所・園内研修まとめ）」
http://www.city.togane.chiba.jp/0000009127.html

ぼくだって、できるもん！

手の形・足の形だよ！不思議～!?

CASE 19

東京都北区

「東京都北区公立保育所」

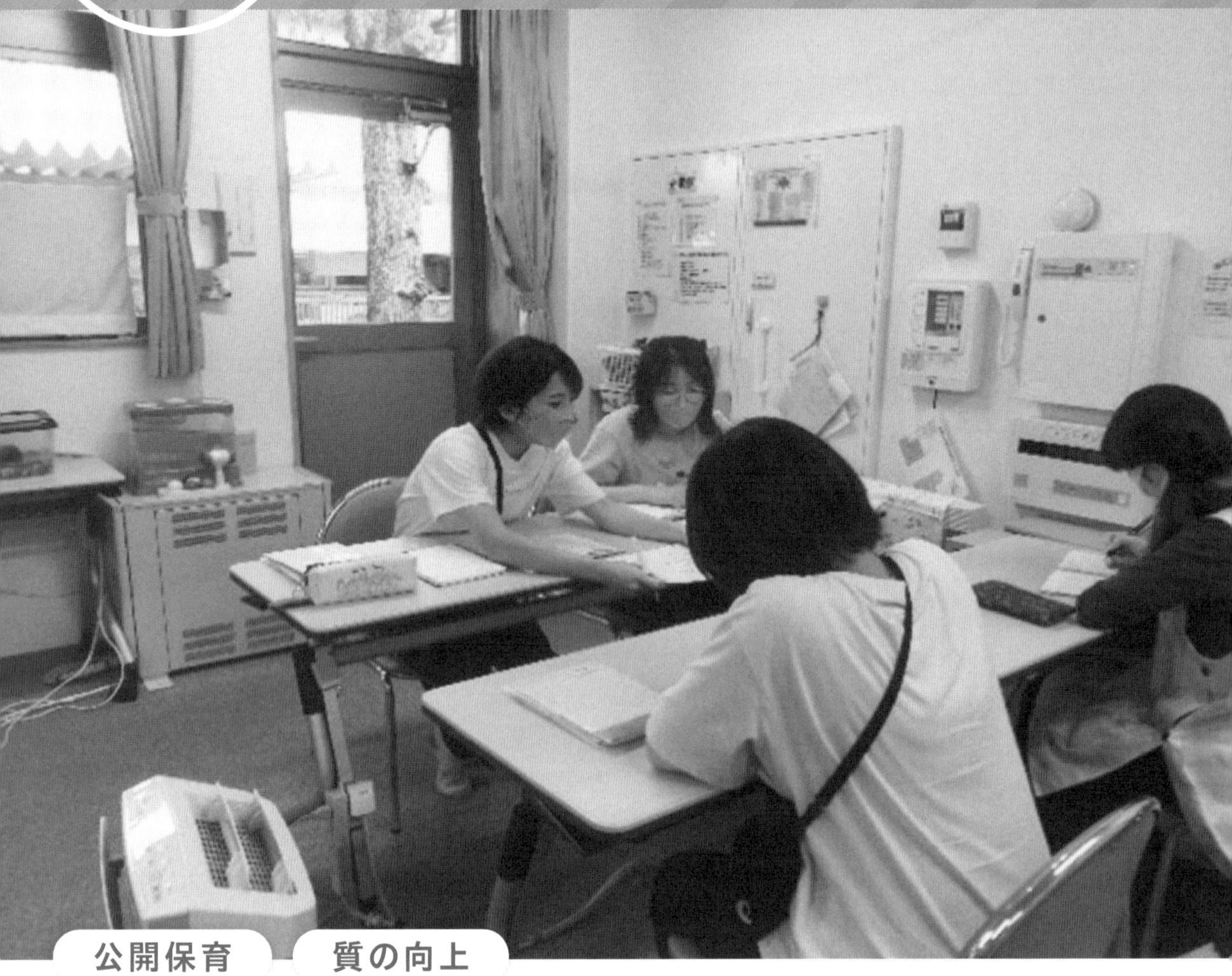

公開保育　質の向上

園を越えた協働
——園内研究「公開保育」研修

東京都北区では、地域の保育所、幼稚園、小学校が連携し、
小学校へのスムーズな接続を視野に入れて、
研修や交流活動などのさまざまな取り組みを行っています。
ここでは、保育の質の向上を目指し、地域の公立保育園が連携して取り組んでいる、
0歳児から5歳児を対象とした園内研究「公開保育」研修を紹介します。
北区の取り組みは、地域の子育て拠点として保育の質向上を目指し続ける
研修の連携についてのヒントが見えてきます。

教育委員会による「きらきら0年生応援プロジェクト」

東京都北区では、教育委員会による「きらきら0年生応援プロジェクト」が発足し、近隣地域のなかで保育所、幼稚園、小学校との連携を深める取り組みとして、梅木小学校・うめのき幼稚園・西が丘保育所の1校2園が東京都教育委員会から研究委託を受け、モデル事業としてスタートしました。幼稚園、小学校の先生方と話をする機会が増え、子ども同士の交流が始まりました。

同じ北区の近隣同士でも、挨拶を交わす程度であったかかわりから徐々に関係を深め、地域のなかで育ち、同じ小学校に就学する子どもたちの就学前から「顔がわかり安心できる子ども同士の関係づくり」の大切さを実感しながら、活動を進めました。

子ども同士の交流から、職員同士の交流も次第に深まっていきました。幼稚園への訪問による交流活動を通じて、保育環境の異なる幼稚園での、生活・遊びに対する環境構成、教材の提供の仕方や遊びの連続性を大切にした取り組みなどを実際に見ることができ、保育所の保育活動を振り返る機会として多くの学びがありました。

また、大学の講師を招いての園内研究のときには、幼稚園園長のご厚意で、保育所職員が数名参加させていただくことができました。公立保育所の保育士は、外部研修などで大学教授や保育分野の専門家による講演を聴く機会は比較的充実していましたが、自園の課題に対する評価や助言を受けることのできる機会は、それほど多くなく、改めてその必要性について実感しました。

5歳児保育の質の向上に向けた「公開保育」研修

こうした背景もあって、2009(平成21)年度には、就学前教育としての「きらきら0年生応援プロジェクト」の取り

園内研究リーダー会での打ち合わせの様子

組みとともに、小学校へのスムーズな接続を視野に入れ、5歳児保育の質の向上に向けた「公開保育」研修(講師招聘)がスタートしました。2009(平成21)年、2010(平成22)年の2年間で2園ずつの公開保育を実施し、研修参加者は各園2名程度でした。

協議会は、園内研究による幼稚園での学びを活かし、表8-19-1のようなスケジュールで進めることにしました。保育の専門家として社会で認められる保育者となるよう、協議会にふさわしい挨拶、言葉づかい、相手にわかりやすい説明の仕方、立ち振る舞いなども含め、保育の質の向上を目指しました。

2園ずつの取り組みは、保育所にとって大きな一歩を踏み出したと感じたものの、北区のすべての公立保育所が公開保育を経験するには、十数年かかってしまうことが予想されることから、研修や園内研究への意識の高まりに差が生じてしまうことが懸念されました。保育の質を高める仕組みづくりに欠かすことのできない園内研究「公開保育」を、北区の公立保育所全体のものとして位置づけるために、さらなる仕組みづくりが必要となりました。

北区公立保育所園長会を基盤とした、園長たちの保育の質の向上に向けた取り組みへの意識が高まるなか、教

表8-19-1　公開保育の内容

【目的】
1.保育士の資質と能力の向上を図り、保育の質の向上を目指す。
2.園やクラスの課題を明らかにし、課題解決の方策を探る。
【日程】
対象園が計画(6月～12月)、年2回実施(講師と相談)
【内容】
1.対象クラス指導案(当日)を立案・作成し、子ども一人ひとりの育ちの理解を深める。
2.保育の視点に沿って保育観察を行う。
3.保育を振り返り、課題を見つめ改善へつなげる。

＜公開保育当日の流れ＞
【公開保育】
10時00分～11時30分　生活の様子、遊び・活動の内容、保育者の援助など
【協議会】
13時30分～15時00分
①司会挨拶
②担任による保育の振り返り(保育の展開説明、評価・反省)
③質疑・応答
④公開保育参加者による質問、感想、意見など
⑤講師総評(保育の評価、助言、今後の課題など)
⑥担任による評価を受けての感想など(評価を受けての感想、今後の課題など)
⑦園長挨拶

育委員会からの課題に対する取り組みのみで満足することなく、園長たちが意欲をもってより全体的に動き出したことは今でも忘れられません。それが、保育課主催職員研修の1つ、園内研究「公開保育」の始まりです。前述の5歳児保育の質の向上に向けた「公開保育」研修が教育委員会から降ろされてきた研修であるのに対し、主体的に創りあげていった研修の意味を込めて園内研究「公開保育」研修としています。

職員研修の体系化

保育所が安心して保育運営を行うためのパートナーが、北区役所保育課です。園長は保育運営の責任者として業務に携わることはもちろんですが、保育課長の指示のもと「区立園長会サービス向上委員会」という、いくつかの部会組織が設けられ、園長は、毎年いずれか1つの部会に所属し、時代の変化に応じた保育所の課題や保育の充実に向けた課題への取り組みに努めてきました。

園庭の様子

そのなかの1つである就学前保育研修部会（現在は「保育所職員研修部会」と称している。以下、研修部会）は毎年、保育課主催研修の立案と実施に向けての役割を担っています。当時の私は研修部会に所属し、すでにある北区役所の職員研修計画のほかに、保育所職員のさらなる質の向上を目指し、保育課主催職員研修計画の作成を求められ、保育課主催の職員研修がより体系化する形になりました。

「乳児公開保育」の試み

2011（平成23）年度には、保育課主催職員研修計画を立案するなかで、5歳児公開保育の実施とともに、保育所ならではの専門領域である乳児保育の質の向上を目指し、「乳児公開保育」をスタートさせました。「地域連携園」と称して、近隣保育所3園を基本としたグループをつくり、公開保育に互いに参加し合い、ともに学び合う仕組みをつくりました。

公開保育研修は、ほかの保育所保育者が生活の場に踏み込むことになるため、0歳児、1歳児、2歳児を対象とした「乳児公開保育」に対して、不安をもつ意見もありました。そんなとき、北区の研修に講師として協力をいただいていた大学の教員からこんな言葉をかけられました。

「0歳の赤ちゃんだって、電車に乗り、見知らぬ人に見つめられ、囲まれることがある。そんなことを経験しながら、大きくなっていく。心配に思うときがあっても、その後、子どもたちのために保育が良くなっていくのならいいのではないですか」

その言葉に勇気をもらい、「乳児公開保育」について具体的に考えていきました。乳児クラスの子どもたちの不安な気持ちを軽減するための方法として、研修部会では表8-19-2にあげる5点の配慮事項を示し、研修に参加する際に協力の徹底を図りました。

その年初めて実施した「乳児公開保育」では、子どもたちの状態が心配でしたが、実際に公開保育をしてみると、ほとんどの子どもたちは、落ち着いて過ごすことができました。信頼関係が築かれた担当保育者がそばにいて、保育者自身も普段と変わらぬ態度でいることで、子どもは「誰か知らない人が見ている」と認識しながらも、普段のように安心して過ごすことができているのだと感じました。安心できる保育者との愛着、信頼関係を基盤にし、0歳児から着実に人を受け入れる態度が養われていることを実感しました。

階段の上り下り。1歳児が日々の生活のなかで階段を上る際には、腹ばいになって上り、下りるときには後ろ方向のずり這いを促している。手、足を前後に運ぶバランス感覚、集中力、体幹を育てるだけではなく、全身運動としての貴重な機会となっている。

乳児公開保育の実践を踏まえ、保育所の役割である乳児期から就学前までの保育を視野に入れ、健やかな成長を支え、豊かな育ちを保障するための、保育の質の向上に向けた取り組みを継

表8-19-2　乳児公開保育の配慮事項

①園児の生活リズムが比較的安定した10月以降に実施する。
②公開保育参加人数は連携グループ単位とし、各園2、3名程度の少人数とする。
③子どもの視覚的刺激への配慮をする（普段見慣れている保育者がエプロンを身につけている姿に合わせ、淡い色のエプロンを着用して保育室に入ることにした）。
④保育観察の場所、立ち位置、姿勢への配慮をする（保育観察する場所を担当園が設定したり、保育室に入室する際は部屋の隅とし、姿勢を低くして座るなどした）。
⑤保育観察の際の表情に注意をする（穏やかな表情で子どもの様子を観察する、子どもと目が合った際は笑顔で微笑み返すなど。保育者として自然な行為ですが、研修という緊張から表情が硬くなることが考えられるため、配慮点として挙げた）。

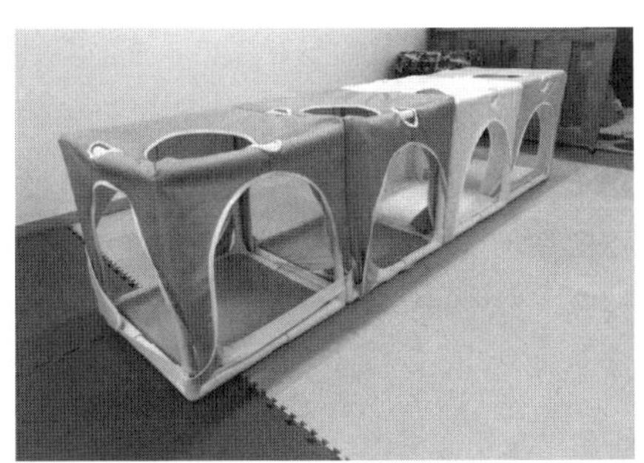

保育室の遊具1

続していきます。

園を越えた公開保育の取り組み

2013(平成25)年からは、3歳児、4歳児の公開保育もスタートしました。2014(平成26)年までの約3年間は、全園が一緒に学び合うことの効果をもたらした「地域連携園」3園でのグループ公開保育を基盤とし、実施園すべての公開保育に大学から講師を招くことは予算的に困難だったこともあり、1年目は再任用保育課勤務の元園長が講師として役割を担い、2、3年目はほかの園の園長が互いに講師役を務めました。そのことは、園長にとっても大きな学びにつながり、園長同士の協力や連携が深まるという結果になりました。

2015(平成27)年度からは新たな仕組みづくりに着手し、「地域連携園」を2園でのチーム公開保育に変更しました。研修予算が充実したことにより、講師を招いての園内研究「公開保育」(年2回実施)は、すべての保育所において2年に1回の実施が可能となりました。園内研究「公開保育」では「地域連携園」3園での活動の経験を活かし、2園が互いに参加し学び合う研修方法を継続することにしました。

「公開保育」研修による効果

園内研究「公開保育」研修の目的である「1.保育士の資質と能力の向上を図り、保育の質の向上をめざす」「2.園やクラスの課題を明らかにし、課題解決の方策を探る」の具体的な効果について、表8-19-3の7点を挙げることができます。

保育者の専門性を高め続けることは、子ども、保護者の取り巻く子育て環境をより良くしていくために必要不可欠です。子育て支援の充実を図るために、社会の変化を絶えず捉えながら、具体的課題は何であるか、そのためにはどんな専門性を磨いていく必要があるかを精査し、研修として取り組んでいく必要があると考えます。

研修の機会を保障していくための工夫

2009(平成21)年度からスタートし、やり方を変化させながら進めてきた「公開保育」園内研究の取り組みは、新型コロナウイルス感染症拡大による影響を受け、2020(令和2)年から2022(令和4)年の現在に至るまで、他園との交流活動は控えることにし、それぞれの園での園内研究の充実を図っています。

公開保育を始めた頃から、各保育所では、公開する担当の保育者だけではなく、園全体の保育者の学びの機会とするため、「プレ公開保育」と称して、自園内で互いのクラスの保育を見学し合い、職員間で良いところを学び合い、改善すべきところは助言・意見等伝え合う、職員間の風通しの良い関係づくりを大切にしています。

園内研究「公開保育」研修の目的を巡る取り組みは、形は変えながらも、それぞれの保育所での工夫により、その基本を失うことなく継続しています。

コロナ禍と向き合い、職員一人ひとりが学びへの意欲と専門性を高めていくために、研修の機会を保障していくための工夫が求められています。外部研修では、オンラインによる研修が導入されはじめていますが、園内でも研修に参加するための環境整備が今後の課題として考えられます。コロナ禍が続くなかでも、オンラインによる園内研究「公開保育」、協議会への参加が可能となることで、新たな交流の機会が生まれることが期待されていると考えられます。

保育所の特性を活かし、保護者の養育力の向上につながる取り組みを

2022(令和4)年の園内研究では、コロナ禍を考慮し、体幹を鍛える遊び、身体づくり、多様な動きを引き出す遊びなど、子どもの健康な身体づくりを課

表8-19-3　公開保育研修の効果

①職員一人ひとりが保育の専門家として学び続ける責任への意識向上を図ることができる。
②それぞれの保育所の問題や課題への意識を高め、改善に対する実践的取り組みを行うことができる。
③子どもへの理解、保育者のより良い援助の探求など、専門性を高め続ける園内研究への仕組みが定着している。
④公開保育を通して、保育計画から保育実践、保育の振り返りを丁寧に行い、評価、改善への自己評価と、他己評価として多くの意見・助言等を受けることにより幅広い視点で保育を振り返る機会となり、保育の改善につながっている。
⑤保育者の自己課題が明確になり、より良い保育を目指す取り組みが、保育者の成長につながる。
⑥他園の施設見学により環境の学び合いが深まり、安全で衛生的な遊びの環境、子どもが主体的に遊びを楽しむ環境構成等の改善につながる。
⑦人に分かりやすく保育(保育のねらいや意図)を伝える機会をもつことで、コミュニケーション力の向上につながる。

保育室の遊具2

題とした保育所の取り組みが多く確認できました。また、コロナ禍の影響を受けて人との交流が少なくなり、子育てに対する不安や地域における孤立感が増したといえます。虐待等の問題から子どもの命を守り、子どもたち一人ひとりが自分らしく成長し、幸せな未来につなげるための子育て支援の重要性を強く感じています。

地域の子育て家庭支援の充実、配慮の必要な子どものいる家庭の支援や一時預かり機能の拡充などが求められるなか、地域資源としての公立保育所は、さまざまな社会資源との連携や協働を図りながら、地域において子どもや子育て家庭に関するソーシャルワークの中核を担う機関として、基本的な姿勢や知識、技術等についても理解を深め、支援をしていくことが期待されています。

さまざまな支援に対応できる保育者の資質や保育の質の向上に向けた研修内容の充実を図りながら、乳児期から就学前に至るまでの一人ひとりのさま

保育室の遊具3

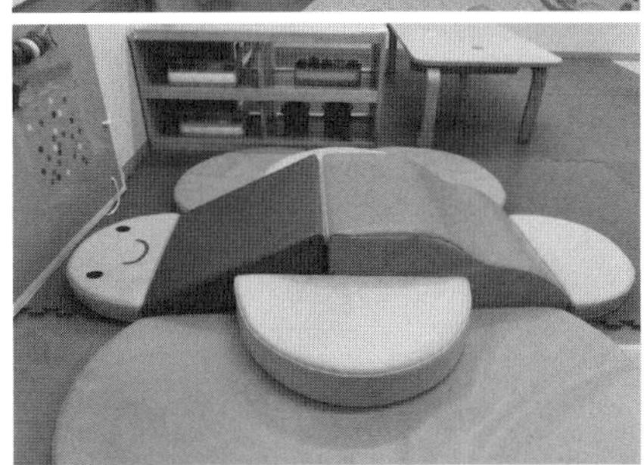

保育室の遊具4

ざまな育ちを理解し、支える保育を実践している保育所の特性を活かし、保護者の養育力の向上につながる取り組みに努めていきたいと思います。

そして、一人ひとりの職員が、自らの職位や職務内容に応じて、必要な力を身につけるために外部研修を活用するとともに、北区の体系的・組織的な研修体制を活かしながら、社会の多様なニーズに応えられるように専門性を高め、子どもの健やかな成長を支える地域の核となる子育て支援の担い手として、保育者の資質向上を目指していきます。（話し手：中村教子）

CASE
20

京都府京都市

「京都市営保育所長研究会」

人材育成　自治体による支援

専門性を活かし、
活躍の場を広げる保育士

保育士がこれまで身につけてきた力を発揮する場所は、保育所だけに留まらず、幅広く子育て支援を行う、広い視野で見ていかなくてはいけない時期にきています。京都市営保育所長研究会では、さまざまな場で活躍する保育士の研修を通して、保育士の専門性を高め、子育て家庭への支援に結びつけています。

保育所・地域の子育て支援

◉京都市営保育所ことHugmiプロジェクト

京都市営保育所も40か所近くあった時代から現在は14か所と、地域の実情に合わせた廃園や乳幼単独保育所から併設保育所への変更、民間移管など、さまざまな理由から減少しています。京都市営保育所長研究会は、市営保育所として今やるべきことは何かを検討するなかで、保育所入所児童や家庭のみならず、地域の子育て家庭すべてに対する子育て支援を考えてきました。

京都市営保育所の各所長と関係する行政職員が月2回の所長会の場で、行政の状況や保育内容などの共有を図り、所長として保育の質の向上と保育所の円滑な運営に取り組み、市民や地域のニーズに応えていける力量を身につけるための研究を行っています。

京都市の市営保育所では、子育て支援事業・地域子育て支援拠点事業(ことHugmiプロジェクト)として、0～6歳(就学前)の子どもと保護者を対象に「園庭開放」「出前保育」など、親子が一緒に遊ぶ場の提供や、「子育て相談」「子育て教室」「子育て講座」「親子半日保育体験」など、保護者が子育てについて学ぶ事業を行っています。

また、在宅で子育てする保護者が利用できる一時預かり保育事業は、就労、通院、育児リフレッシュ(育児疲れの解消)などを理由に多くの方が利用され、保育士に子育ての相談や悩みを話されることもよくあります。

これらの子育て支援事業で大切なことは、子育て家庭が悩みを抱え込んでしまわないように地域とつながりをもち、周りの人の協力を得ながら安心して子育てができるように気軽に相談できる場所をつくることや、それらの地域のネットワークを構築することだと考えます。

◉子育て支援を担う保育士の専門性

保育所をはじめ、そのほかの子育て支援施設・団体が増え、地域から子育て家庭を見守っていることを発信することで、子育て家庭が、「一人で悩まなくても大丈夫」「なんでもすぐに話すことができ、気持ちが楽になる」と感じられるように支援していくことが重要だと考えています。

子育て支援を担う保育士には、言葉

で発信されなくても、子どもや子どもと接する家族の様子から、「家族の思いを察知する力」「子どもの発達状態で配慮や支援が必要な部分に気づく力」が求められると感じることもあります。

現在の社会状況のなかで大きな問題とされている児童虐待ケースのなかには、育児不安やしんどさからくる親のストレスや精神的な病が原因として挙げられるものも少なくありません。保育士がもつ専門性を活かしたアプローチで保護者に寄り添い支援していくことが今の社会には重要であり、必要です。

そこで、行政の保育士職として、保育所入所児童だけでなく、すべての子育て家庭への支援という広い視野をもった子育て支援が必要になります。

保育士としての人材育成

京都市営の保育士は、以前から療育施設や一時保護所などの直接児童にかかわる職場への配属や、一部ではありますが、子育て支援に関する事業を統括している本庁職場で働くことなどもありました。こうしたなか、2017(平成29)年4月に、子どもや若者に関する施策を総合的に推進する『子ども若者はぐくみ局』が創設、同年5月には各区役所・支所において、地域で生活するすべての子どもと子育て家庭を対象に、妊娠期から子どもの成長段階に応じて切れ目のない支援を行い、子どもや子育て家庭にとって最も身近な行政機関の総合相談窓口として、各区役所に子どもはぐくみ室が設置され、保育士が配置されました(表8-20-1)。

このように、保育士の働く場は広が

■表8-20-1　保育士の配置状況の変化

所属
市営保育所
児童福祉センター(一時保護所)
児童福祉センター(一時保護所以外)
本庁デスク(市営担当)
子育て支援総合センターこどもみらい館
地域リハビリテーション推進センター

➡

子ども若者はぐくみ局創設後　令和4年4月現状

所属	
子ども若者はぐくみ局	はぐくみ創造推進室
	子ども家庭支援課
	子育て支援総合センターこどもみらい館
	児童福祉センター(一時保護所)
	児童福祉センター(一時保護所以外)
	幼保総合支援室(本庁デスク等)
	幼保総合支援室(市営保育所)
区役所・支所 保健福祉センター	子どもはぐくみ室
保健福祉局	地域リハビリテーション推進センター

りを見せていますが、「保育士は保育所で働く」という意識や自分は何をすればよいのかと、保育所以外の職場で働くことに対する不安を抱える保育士も少なくありません。

年度末に異動が決まると、「どんな職場に行くのか」「自分の仕事内容は何なのか」「自分は何を求められているのか」など、新年度を迎えるまで悶々（もんもん）とした日々を過ごすことになっていました。保育所長として、この不安を取り除いてあげたいという思いはあるものの、私たち自身も、実際に見たことや働いたことのない職場について、詳しく伝えることができないのが現実でした。

しかし、異動をした職員が旧職場を訪れたときの疲れた様子を見たり、わからないまま日々を過ごしているという話を聞いたりするなかで、「このままでは、職員を安心して送り出すことができない」「このままではいけない」と所長研究会として何かできないかと意見交換を行いました。

まず、保育所外へ異動した職員たちが、どのような思いで仕事をし、どのようなやりがいやしんどさを感じているのか、また、保育士としての専門性を活かせているかなどのアンケートをとることにしました。そこから見えてきたそれぞれの思いを知り、管轄の本庁職員担当者にも伝えていきました。

京都市保育士人材育成計画の策定

また、同時期に『京都市保育士人材育成計画』（以下、人材育成計画）の策定に向けて、取り組むことになりました。人材育成計画策定に向けては、ワーキングチームを立ち上げて、それぞれの現場で働く保育士としての立場から意見を出し合い、行政の保育士としてどうあるべきか、どのような保育士を目指すのか、など意見交流を行い、2021（令和3）年9月に策定されました。

人材育成計画のなかでは今後の方向性のイメージ（図8-20-1）にあるように、行政の保育士として幅広い子育て支援ができるよう広い視野をもち、今まで培ってきた保育士としての力を、違う職場においても発揮するという意識改

■ 図8-20-1　今後の方向性のイメージ

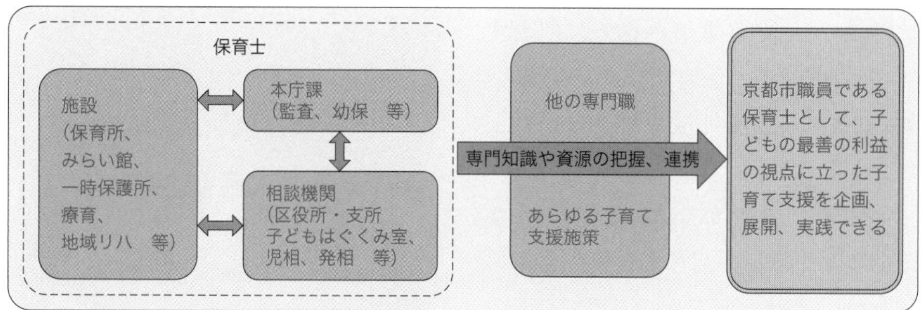

出典:京都市保育士人材育成計画

革が必要になりました。この人材育成計画のもと、行政の保育士職というものがどうあるべきか、また子育て支援をどのように考え、進めていくべきかについて、今一度振り返り、改めて歩みはじめたところです。

一人ひとりの職員が京都市全体の子育て支援を担う保育士であるという自覚のもと、今後どのように活躍していくのかを考える1つのきっかけとして、人材育成計画を熟読し、自分自身のことと捉えていかなくてはいけません。

職域拡大への思いと現状

保育所現場の経験を重ねて保育士として少しずつ保育がわかり、京都市営保育所が目指す子どもの心に寄り添い『心を育てる保育』に向けて、子どもや保護者とのかかわりを大切にしながら保育の楽しさを知った保育士ですが、保育所外への勤務を命じられ、大きなショックと不安や寂しさを抱えます。

同時に、保育所現場としても、中堅としてこれから保育をもっともっと発信し、楽しむという時期での保育所外への異動は、大きな課題を残しました。

■ 表8-20-2　目指すべき保育士像

・　子育て支援を担う専門職のひとつとして、子どもが現在を最も良く生き、望ましい未来を作り出す基礎を培うことができるよう、保育士としての高い専門性と行政職員としての幅広い視点を持った職員
・　様々な職場で働く保育士や多様な専門性を持った職員とともに、関係機関や地域と一体となって子ども・子育て家庭に対する支援に取り組む職員
・　時代の変化に即して保育士として求められているものを常に認識し、京都市の保育士として自分がどうしたいか、自分の目指す保育士像はどのようなものかを意識して、京都市民全体の子育て支援の一翼を担う保育士である自覚を持った職員

出典:京都市保育士人材育成計画

ベテランと若手をつなぐという大きな役割を担ってもらいたい中堅層が保育所現場からいなくなること、併せて子育て世代の保育士も産休や育休を取得する時期と重なり、これから保育士として力をどんどん発揮する人たちが少なくなることから、保育所現場で若手の育成を考え、ベテランと若手がうまくかかわり保育を楽しめるような環境を整えていくことを所長として考えていかなくてはいけないと感じています。

職域拡大が進むにつれ、人材育成はどの職場においても考えなければならない課題となっています。所長研究会としてもどのように取り組むべきか、所長・副所長が研修を受けながら考えているところです。そして、人材育成計画が策定されたことで、研修体系を見直し、すべての保育士が、保育士としてスキルを積み上げていく研修の実施を2022(令和4)年度より始めました。

階層別研修と分野別研修

京都市営保育所では、以前より階層別研修と分野別研修という形で研修を実施してきましたが、保育所と一部の事業所で勤務する保育士のみが対象でした。今回、人材育成計画策定に伴い、研修の見直しをしたことで、階層別研修は、すべての保育士が対象となり、対象の年代になると受講できるようになりました。そのなかで、保育士であるスキルを上げる研修と、保育内容だけでなく幅広い子育て支援の分野での業務内容や行政職として力をつけていくべき分野(発信・企画・立案)にも目を向けた研修に変更しました。

階層別研修は、新規採用時、3年目、中堅期前期・後期という年代で分けて行います。今年度から内容を変更したので、まだまだ内容については検討が必要ですが、すべての保育士が対象になったことで、保育士同士が違う職場での経験を語り合い、今後の自分たちについて話し合う場がもてるようになりました。また、違う職種での仕事のやりがいやしんどさについても共有し、次へのステップになるのではないかとも考えています。

『私たちは保育士である』という前提のもと、保育士としてできること、行政の保育士職としてするべきことを考える研修内容になるよう、すべての研修において人材育成計画について講義し、意識をもてるように進めています。研修のなかで、保育士としての今までの活躍、自分たちがもっている保育力にまず気づき、何もできないのではなく、気づいていないだけで力をもっているのだという自己肯定感を、自信につなげられるよう研修を行っています。

ベテランに向けての研修では、自分たちを認めてもらったことで、モチベーションも上がり、自分たちの立場として、「若い子を育てる、若者を育成する」

役割を担うことについても理解し、保育所全体で人材を育成することに前向きに取り組もうとする姿も見られるようになっています。

現場の保育士の心情の変化

年々、保育所と保育所外を経験する保育士が増えてきているなか、異動を経験し、また保育所外から保育所に戻ったことで感じるようになった、子育て支援についての感想をまとめました。

・保育所だけで勤務しているときより視野が広がった。しかし、異動が決まったときは戸惑いがあり、異動するという心構えができていなかった。

・対子ども(人)とのかかわりが大事な仕事なので、保育所から異動しても通じるものがあった。今まで個々の気持ちに寄り添う保育を心がけてきたことが役に立った。

・個々のケースにかかわるうちに、子育て支援、特に保護者支援の大切さを感じるようになった。

・事務の経験しかない人では、書面だけで読み取ることが難しい保育内容について理解できる場面があり、それは、これまでの保育経験があるからだと感じた。また、事務の経験から保育所運営についても意識するようになった。

・相談業務は保育士に対する期待度が高く、プレッシャーになることもあったが、福祉業務の流れや施策、療育の内容、虐待などの情報は、自分自身の学びになった。

・保育士の得意分野でもある『傾聴』『相手の気持ちに寄り添うこと』『ともに考えていくこと』を大切に支援していくことや、知らない分野について学ぶことの大切さを次の人へと伝えている。

・子育て支援や区役所業務などで知ったことは自分自身の学びになったが、どのような場面で伝えていくことができるかがわからない。

このような経験からの思いを、所長として受け止めることが大切です。また、所長・副所長も保育所外での仕事を経験しそれぞれの学びや課題を実感しているなかで、異動が決まると不安な様子も窺える職員に業務内容や今後の役割、そして自分たちは保育士としての力をつけてきていることを伝えることで、前向きで意欲的に頑張りたいという姿勢に変え、他職場へ送りだしていきたいと考えます。

今後もどのように職員へ働きかけ、支え、人材育成を考えるかが私たちの課題です。

視野を広げた子育て支援

保育士は、今まで保育所を中心にさまざまな子育て支援の方法を考え、取り組んできましたが、各区役所・支所子どもはぐくみ室の設置に伴い、保育所だけでなく、他職種の方々とともに子育て支援を行っていくことが大切になりました。

保育士のもつ保育の専門性をあらゆる子育て家庭に発信し、ほかの専門職と連携・融合していくことが必要です。京都市で生活するすべての家庭の子育て支援をするという視点で、この人材育成計画のもと、職員の育成を考えていかなくてはなりません。 しかしながら、現状は、まだまだ保育士すべてが人材育成計画を理解し、前向きに捉えているわけではありません。まずは、一人ひとりが自分自身の役割を受け止め、保育士としてもっている力に自信をもち、自己アピールしながら積極的に子育て支援に取り組んでもらいたいと思います。

そして、そのために、所長として保育士一人ひとりの思いを受け止め、職員が自己肯定感をもち『保育士である』という土台の上で、その力をどのように発揮するかをともに考えていきたいと思います。そして、保育士が子育て支援を担う専門職の一人として他職種の方とともにすべての子育て家庭への支援を行い、保育士が必要な存在とされ、もっている力を発揮できるような行政の環境も整えていけるよう、今できることを考え、取り組んでいきたいと思います。

CASE 21

千葉県睦沢町

「睦沢町立睦沢こども園」

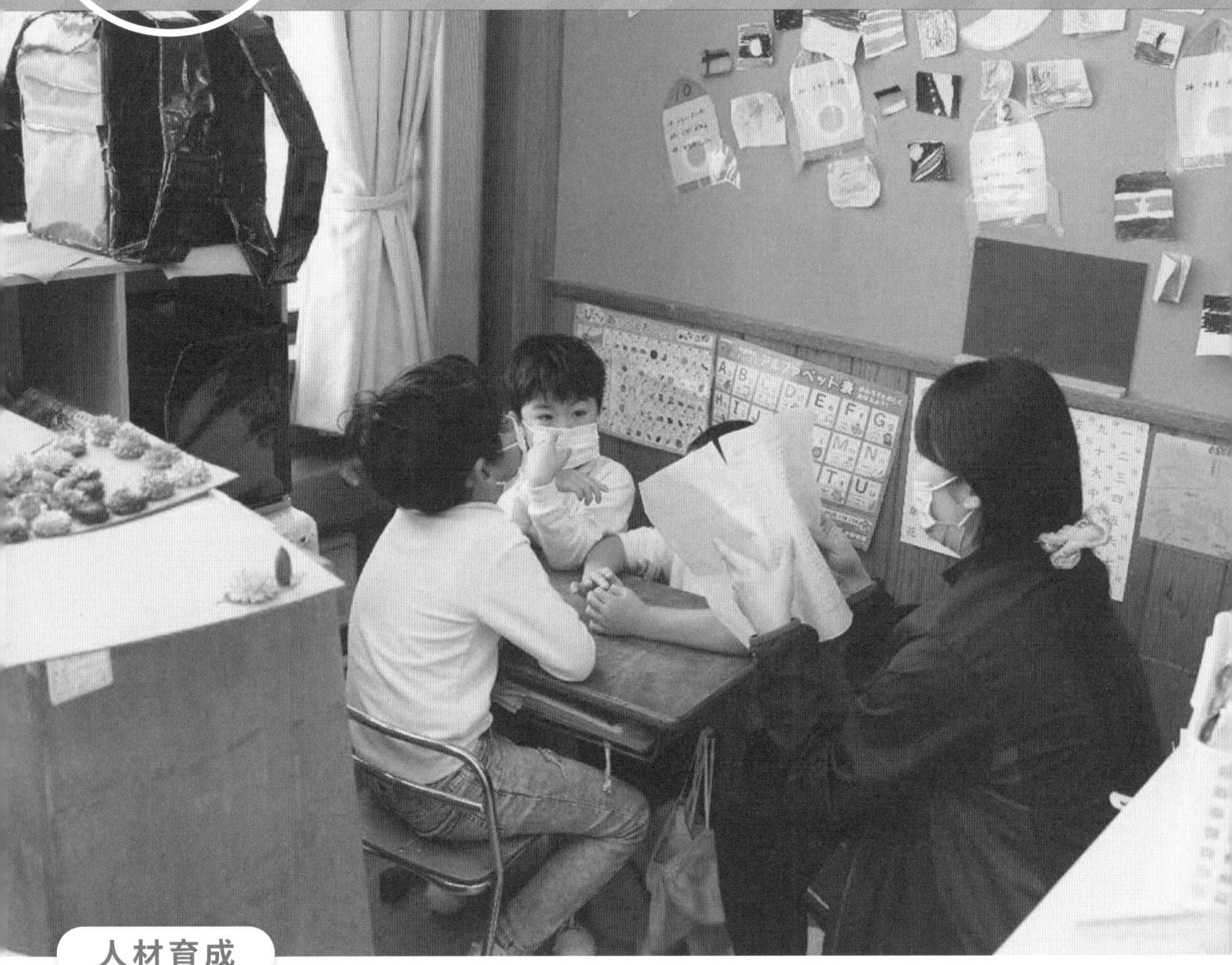

人材育成

園小中と一貫した支援で人口減少地域の子育て家庭を支援

千葉県長生郡睦沢町は、千葉県の南東部に位置する田畑地帯で、
穏やかな気候に恵まれています。
人口は自然減少の傾向にあり、2022（令和4）年9月末現在、約6800人の小さな町です。
そのため、町にある「道の駅むつざわ つどいの郷」に隣接する
むつざわスマートウェルネスタウンには、若者定住の受け皿としての賃貸住宅を整備し、
町では若者定住促進のための賃貸住宅や分譲地の整備、助成などを実施しています。
園、小、中が1施設ずつの小さな町ですが、施設分離型による園小中一貫教育校として、
縦の子育て支援に尽力しています。

施設分離型による園小中一貫教育

◉減少する出生数と増加する入園者数

本園は、町内の乳幼児が同じ教育・保育を受けられるように住民の子育て支援を実施するため、各1園ずつあった保育所と幼稚園を一体化して、幼保連携型認定こども園として2008（平成20）年度に開園しました。その後、少子化により出生数は減少しているにもかかわらず、睦沢町の若者定住促進の取り組みや核家族の増加、保護者の就労などにより、在園者数は増加しています。特に3歳未満児の入園が増加傾向にあり、0・1歳児は出生数の50％、2歳児は70％、3歳児以上になると、95％以上の子どもが睦沢こども園へ入園し、園児の80％が2・3号認定児となっています。

地方の農村部のため、近所に子どもがいない、近所の家が遠い、転居したばかりで地域の人と交流がないなどの問題があり、園に入園して初めて同世代の子どもと一緒に遊ぶ経験をする子どももいます。

◉園の子育て支援事業

未就園児向けの毎週水曜日の園庭開放や月1回の絵本の読み聞かせ、年間2回のベビーマッサージとママのためのヨガ、保護者向けの子育て座談会、一時預かり事業を本園で行っています。町内唯一の乳幼児の教育・保育施設、そして子育て支援の拠点として、地域の子育てを支え、未就園児の頃から保護者や子どもにとって、こども園が身近な場所となっています。

園には保健師を配置し、役場福祉課子育て推進班と連携しています。また、近隣には公民館や歴史民俗資料館、総合運動公園があり、「ふるさと学習」として地域の人材や資源を活かしながら、町ぐるみで子育て・教育を推進しています。

2018（平成30）年、町内に2校あった小学校を再編して1校とし、睦沢町内では1園、1小学校、1中学校となりました。再編を機会に「連携」から「園小中一貫教育」へと転換し、2020（令和2）年4月より、施設分離型での園小中一貫教育校をスタートしています。園・小・中の教職員は、教育目標、指導方法、子ども

園・小・中の合同研修の様子

の育ちの情報や目指す15歳の姿など、それぞれの課題解決に資するために、情報交換を密にしたり、合同研修を実施したりして相互に交流することに努めています。

「町の子ども」を町の教育機関で育てる

◉睦沢町教育振興会の取り組み

以前から教育委員会、こども園、小学校、中学校が所属する睦沢町教育振興会を通じて、園・小・中の教職員が参加する合同研修会での交流、各教科や保健の部会ごとでの話し合い、相互授業参観を行ってきました。

特に2018（平成30）年度以降、園小中一貫教育へ向けて、子どもの姿から睦沢町の目指す教育を「自ら一歩をあゆみだす15歳」に成長することとし、質が高く切れ目のない教育の充実を図り、学力・体力の向上は元より、人間力・社会力を備えた子どもに成長することを目指して、カリキュラムづくりや園・小・中の教職員との研修を重ねてきました。

「人間力」「社会力」の育成を考えた研修を重ねていくなかで、睦沢町の子どもたちに必要な力について調査、研究を重ね、「コミュニケーション能力」が課題となることがわかってきました。園に入園した頃からずっと一緒に育ち、コミュニケーションをとらずともお互いのことがわかりますが、逆に、限られたコミュニティのなかで子どもたちの人間関係に変化がないことが課題でもありました。地域の人との交流を活かしながら、コミュニケーション能力の育成を軸に園から中学校までの15年間をかけ、系統的で一貫性のある連続した教育を目指すこととなりました。

◉園・小・中それぞれの交流と学び

まず、2019（令和元）年度では、園・小・中の教職員がそれぞれの発達や保育・教育課程をお互いに理解することから始めました。園小中合同で各部会に分かれて、年間カリキュラムの作成やお互いの授業の参観などを行いました。

園と小学校教職員参加の相互授業参観

2020（令和2）年度には、カリキュラムを実践したことで見えてきた修正点について全体研修会で共通理解を図り、2021（令和3）年度には、カリキュラムをもとに教育事務所や大学などから講師を招いて、部会ごとに年間2回の相互授業参観を行いました。

また、小・中学校の教職員は、認定こども園で1日保育体験をしました。「園児がこんなにいろいろなことをできると思いませんでした」と驚く教職員も多く、小学校以降の教育につながる姿（思考する、試行錯誤する、気持ちに折り合いをつける、話し合う、言葉や仕草で表現する、など）を遊びのなかで学ぶ、そのための環境構成を保育者が考え、丁寧に対応していることに気づき、お互いの理解へつながりました。

園小接続カリキュラム部会での合同研修

◉園小接続カリキュラムの見直し

園と小学校、それぞれに作成されていた5歳児アプローチカリキュラムと小学校1年4・5月のスタートカリキュラムについて、より滑らかな接続となるように見直しを行いました。さまざまな地域から公私立の幼稚園・保育所・こども園の子どもが集まって通学することとなるほかの地域とは異なり、すでに通学する友だちに慣れている、給食の配膳方法について知っているなど、生活の仕方がわかるという利点を活かし、5歳児が自分でできることを伝え、活かす内容としました。

園・小合同研修による小学校授業体験の様子

また、5歳児の小学校への訪問回数は1回から4回、園・小と共通内容での交流回数は2回へと増やし、園・小共通の保育・教育指導案を作成しました。交流時期についても見直し、10月に授業体験、12月には地域の人との交流も兼ねた昔遊び体験、2月には一緒に遊んだ小学生から手紙がきたため、「お返しの手紙や絵をつくろう」という活動に変更し、町の子どもたちの課題であるコミュニケーション（言葉による伝え合い）の場面を意識した内容としました。

◉園児の小学校への訪問

訪問・交流回数が増えたことで、園児は以前よりも小学校を身近に感じ、小学校就学への期待感が高まりました。小学校訪問後に作成した小学校マップには、園児が気づいたこと（大きさ、高さ、広さ、園にないもの、園と同じもの、嬉しい気持ち、など）が書き込まれました。また、

小学校に見立てた場所を園内につくる

小学校の机やひらがな表、教科書などを置き、小学校に見立てた場をつくると、子どもたちがその場に集まり、ひらがなや数字、絵をかいたり、話し合いをしたりして、「授業ごっこ」や「勉強ごっこ」といった遊びが始まりました。

園小接続の効果

小学校訪問時の授業体験では、指導案にはない場面、例えばトイレ休憩の待ち時間に園児と1年生が一緒にいるとき、輪になって座り、顔を見合わせると笑顔になるという瞬間がありました。そこで交わされる会話は、大人が促すものではなく、園児も児童もお互いを知り、この後仲良く過ごすにはどうしたらよいか、何を話しかけたらよいかをそれぞれが考え、言葉や表情、態度で表現しようとしている様子でした。

小学生との共通体験の様子

コミュニケーション力が養われるには、園児・児童に任せる場面をどうつくり、どう捉えるかが課題であるとされましたが、2020（令和2）年度は課題解決のところにまでは至りませんでした。

2021（令和3）年度は、小学校訪問後の12月の共通体験（昔遊び）において、「あのときの1年生と会えた」と喜んで一緒に遊び、言葉で伝えるだけでなく、言葉以外の表情や仕草でも伝わるという経験を積むことができました。また、一緒に遊んだ小学生との手紙のやりとりも楽しく行うことができました。

年齢が低い学年でのコミュニケーションにおいては、言葉を意識しての活動のほか、実際に対面で話すときの雰囲気や感覚などの体験が重要であることが、園・小どちらの子どもたちの行動や表情からも窺（うかが）えました。

また、園・小の教職員についても、その都度話し合いを重ね、実際の計画よりも多く連携を取り合って進めていくことができました。

今後へ向けて

2022（令和4）年6月、小学1年生と5歳児がペアになり、校舎内を1年生が案内する小学校探検を行いました。卒園して2か月が経ち、小学校生活に慣れ、

自信をもって生活できるようになった小学1年生が、5歳児を連れて校舎の説明をしました。しっかりと手をつなぎ、顔を覗き込みながら話しかける、歩く速さをそろえる、一緒に遊んでみるなど、時にはリーダーとして、時には仲間として、仕草や表情でコミュニケーションをとろうとする1年生の姿に、5歳児は初めての場でも安心して楽しく一緒に過ごすことができました。また、小・中学校では、国語科や総合的な学習の時間を中心に地域の方々とつながり、地域づくりの活動に取り組んでいます。園は、今後も地域の子どもたちの成長を見守っていきます。そして、いずれ15歳で自ら一歩をあゆみだせる力へとつながるように、今後も育んで後押ししていきたいと考えています。

睦沢町立睦沢こども園
定員:235名(現員:160名)

CASE 22

東京都渋谷区

「渋谷区立富ヶ谷保育園」

地域資源の活用　地域子育てコーディネーター　アウトリーチ

地域の力とともに
保育を豊かにする

渋谷区立富ヶ谷保育園は1965(昭和40)年7月開園、94名定員の園です。
保育目標は「友達と元気に遊べる子ども」「感性の豊かな子ども」
「自分の考えを表現できる子ども」です。
ホームページには、「日当たりのよい園庭で元気に遊ぶ子どもたち。
人と人とのかかわりを大切にし、のびのびと育つ環境づくりを心がけています。
子どもにとっては「楽しい保育園」、
保護者にとっては「安心できる保育園」でありたいと思っています」
というメッセージが記載されています。
「本物体験をさせたい」という園長の思いから、
さまざまな人材の活用、地域資源とのつながり、保育への還元がなされています。
渋谷区では、2017～2026年における長期基本計画のなかに
「地域子育てコーディネーター」が位置づけられ、
「地域子育てコーディネーター事業」として区内の保育園等に配属され、
保育園と地域をつなぐ「地域の力」として活動しています。
また、地域の私立・公立保育所と交流を行っているほか、
大学など地域の機関とのつながりもあります。

地域との連携による子育て支援

◉地域子育てコーディネーターとの連携

富ヶ谷保育園では、区から配属された地域子育てコーディネーターとともに、地域の人材や資源と連携した取り組みを保育に取り入れています。2021(令和3)年度は、コロナ禍にもかかわらず7回の取り組みを行いました(表8-22-1)。

年度当初に地域子育てコーディネーターと打ち合わせを行い、藍染めや落語、出汁体験など、年間の活動の大まかな流れを話し合いました。その後、地域子育てコーディネーターが地域の人材と連携をとり、日程や内容などをさらに調整しました。

◉地域交流園との交流

当園では、地域交流園に行き、ドッジボールやけん玉検定などを行い、交流の機会をもっています。2021(令和3)年度は新型コロナウイルス感染症の流行などもあり、対面での交流が難しかったので、手紙のやりとりやリモート地域交流、オンラインでの踊りの披露(縁日ごっこ)、クイズ大会などを行いました。交流園の園児とは、散歩先の公園などで偶然出会うこともあり、地域の園単位での交流が広がっています。

◉地域の機関(資源)とのつながり

2020(令和2)年6月、東海大学観光学

■表8-22-1　地域子育てコーディネーターの活動（2021（令和3）年度）　＊対象はすべて5歳児クラス

年月	体験	交流の内容
2021年5月	落語 「寿限無」	・絵本やTV番組などで子どもたちにもなじみのある落語の演目「寿限無」を地域の落語愛好家の方から聞いた。 ・子どもたちは集中して真剣に聞き、質問もたくさん出て、興味津々だった。
6月	出汁体験	・割烹の料理長に来てもらい、出汁体験を行った。 ・「出汁は何からできているのか」、「どうやってつくるのか」など、体験を通して教えてもらった。 ＊子どもたちは鰹節を触ると「木みたい」などと表現した。 ＊にぼし出汁の取り方や苦い部分などについて説明を受けた。 ・実際に、①煮だしこぶ、②水だしこぶ、にぼし③鰹出汁の3種類を飲んでみた。子どもたちの1番人気は鰹出汁だった。
7月	藍染め体験	・地域子育てコーディネーターに来てもらい、4月に種をまき、発芽、間引き、植え替えなどをして成長した藍の葉を摘んだ。 ・葉をちぎり、すりこぎですり、水でもみ、シルク布を染めた。 ・子どもたちは、シルク布でつくったコサージュを卒園式の日に胸につけて出席した。
11月	豆腐屋さん見学 豆腐づくり	・近隣の創業88年の豆腐屋さんへ見学に行った。 ・大豆を絞る機械、豆腐が入っている水槽、油揚げをつくっているところを見た。 ・園に戻ってから、実際に豆腐づくりを体験して、試食した。豆乳を70度に温め、にがりと混ぜ合わせて3～4分待った。できたての豆腐は温かく、ふわふわでおいしいと子どもたちも喜んでいた。
12月	お正月飾りづくり	・地域子育てコーディネーターに来てもらい、正月飾りを作った。 ・子どもたちが育てた稲は、コメ、ぬかを食べ、もみ殻を肥料にした。そして、そこから出た藁を正月飾りにした。 ①水につけた藁を棒でたたいて柔らかくする ②1つにまとめた藁を2分割し、1本を時計回りにねじり、もう1本を反時計回りにねじる ③ねじって1本になった藁を円にし、飾りをつける ・つくるだけでなく、いつ飾るのか、どうして飾るのかなども教えてもらった。
2022年1月	玉ねぎ染め	・地域子育てコーディネーターに来てもらい、玉ねぎ染めをした。 ①Tシャツを輪ゴムで縛り、水につける ②30分煮込んだ玉ねぎの皮の染液につける ③染液から取り出して洗い、媒染液につける ④媒染液から取り出して洗う ⑤輪ゴムを外し完成 ・子どもたちは、一つひとつの工程で「わー」と歓声を上げていた。また、輪ゴムを外して模様ができると驚いていた。

＊家庭ではできないことを体験し、家庭での話も弾んだようだ（庄司副園長）。
＊染めた色とクレヨンや絵の具の色を比べてみたりしながら、独特の色合いを楽しんだ。

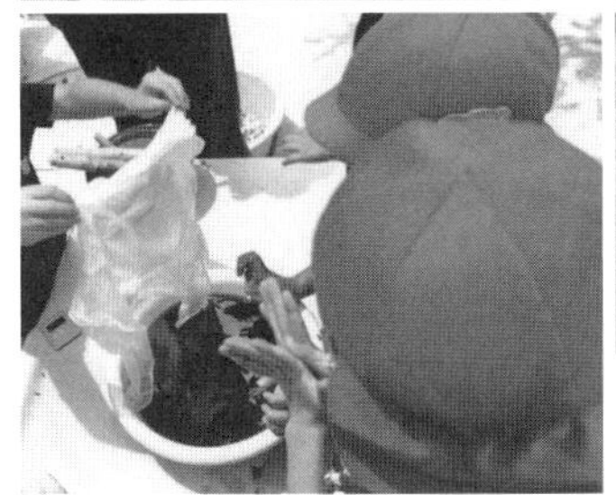

部の学生が来園し、ハチミツを使った学びの体験を行いました。においをかいだり、みつばちの巣箱から蜜を絞ったり、みつばちの話を聞いたりしました。ハチミツ絞り用遠心分離機を回してドロッとしたおいしそうなハチミツが出てくると、子どもたちから歓声が上がりました。

【事例】藍染め体験

地域子育てコーディネーターとともに、年長児が育てた藍の葉を摘み、すり鉢で細かくしました。

水で浸した藍の葉にシルク素材を漬け込むと、見たことのないような色に染め上がりました。子どもたちは、「これはなんていう色だろう」と保育者とともに考えたりして、自然色の美しさに目を輝かせていました。

◉継続的な連携に向けて

地域に園を開き、地域の人材を活用することは、子どもたちにとって新たな人や活動との出会いであり、園は、地域子育てコーディネーターと力を合わせて、子どもの豊かな体験を引き出しているといえます。この活動を続けることはとても重要ですが、継続は容易ではありません。また、職員の異動や退職などで担当者が変わっても、「園を開き、地域の資源を掘り起こすことでつながり、保育に活かしていく」姿勢をもち続けることが必要です。地域子育てコーディネーター任せにするのではなく、園と協働しながら進めていくことが重要であり、現在の課題でもあります。

渋谷区立富ヶ谷保育園
定員:94名

子育て支援を担う人材育成
――地域を舞台に

地域における人材育成のあり方

保育園が多様な子どもを受け入れ、さまざまなニーズをもった保護者の支援を行うために、園内で専門的人材を育成することは不可欠です。

保育時間が長時間化し、園内研修の時間が取りにくくなっている現状もあります。いずれの事例でも、そのなかで、園の保育の質の向上を目指し、工夫して、研究・研修を行っていることが窺えます。

人材育成の中心となるのが、「研究」や「研修」です。東京都北区、京都市、千葉県東金市では、自治体の規模や人口にかかわらず、公開し学び合う取り組みが、質の向上や保育者の意欲向上などに結びついていることが窺えました。

公開保育をベースに行ったり、子育て支援を中心に専門性を磨いたり、自己評価の作成・公表の取り組みを併せて行ったりすることで、専門性を向上させ、保育者の活躍の場を広げていました。

また、園の中で見出しにくい良さや課題について、外部講師が保育者に寄り添いながら見出していくことが求められます。

地域で一貫した保育・教育

事例の睦沢町では、町で生まれた新生児が入園し、小学校へ行き、中学校を卒業するまで、町の専門職に見守られながら育ちます。

園と小・中学校との接続は、とても重要ですが、実際の運用には課題もあります。卒園児の就学先は多様なので、いかに継続してその育ちを観るかがポイントとなります。

積極的な地域資源の活用

園では、積極的に地域の人材を保育に活用していくことで、子どもの生活や遊びをより豊かにしようとしています。渋谷区立富ヶ谷保育園の実践は、地域の人材の掘り起こしと活用を、地域のコーディネーターと協働して行っていることがポイントといえます。

また、近隣の園や関係機関と最大限連携することで、人口減少地域においても、何かに秀でた人材がなくとも、子育て支援のためにみんなでできること、やってみたいことを行っていくことから始めると良いのではないでしょうか。　（石井章仁）

おわりに

わが国は人口減少社会となり、子どもの数だけでなく地域社会のあり方自体も変容してきています。また、地域によって人口構成が異なるため、その地域ごとに保育や子育て支援のあり方も変わってきます。最も身近な児童福祉施設としての保育所に、子どもに関するさまざまな支援の“中核＝インフラ”としての役割が今後さらに求められることでしょう。

今日、社会的に多様性の受容の機運が広がっています。保育のなかでも、外国籍の子ども、障がいのある子どもやその保護者をどう受け入れるかなど、さまざまな人々がともに遊び生活する、インクルーシブ保育が求められています。そのためには、園が周囲の地域のなかにある多様な人や機関とどうかかわり、地域にどのように開き、保育に活かしていくかが課題となっています。

一方、人口減少地域では、量的に人の数が減っているだけではなく、かつて地域にあった多様な人材や機関、人の縁など、その地域に「資源」が少ない現実に直面します。こうした課題に対して、園のもつ魅力を高め、子どもや保護者などの利用者だけでなく、保育者が働きやすく、居やすい場づくりや人材育成を行っていく必要があるのです。

保育者のキャリア形成を目指した魅力ある職場となれるよう、質の向上を図るためには、園内外の研修や学びが不可欠です。目の前の子どもにとって求められる保育を常に探求し、さまざまな園の保育や支援から学び、活かしていくことが求められています。

その意味でも、本書で挙げた事例のように、困難さや課題に直面しながらも自ら答えを見出そうとする園の実践は、「私だったらどうするだろう」「この地域だったらどうなるだろう」と考える刺激になっていくのではないでしょうか。

石井章仁

子育ては人類がずっと行ってきた営みですが、そのあり方は社会とともに変容し続けてきました。そして現在、激動の時代を迎え、子どもが育つこと、子どもを育てることの両方が、一組一組の親子によって多様になり、また困難を抱えやすくなっていることに圧倒されそうになります。時にその現実の重たさに、いったい何ができるだろうかと宙を見つめるようなこともあります。

しかし、本書で取り上げた22の実践事例は、その多様な親子の現実一つひとつと向き合い、ともに受け止めようと、園や地域できめ細やかさをもって取り組まれていることを教えてくれます。時には、まだ支援の枠組みがないところから、この子に、この親子に必要だからと、新たな支援のかたちを柔軟に創ってこられています。すんなりとはいかないなかで、何を大切に、どうすべきか、常に探りながら前に進もうとする、具体的アイデアに溢れています。

今後は子育ての多様化が、いっそうの少子化とともにますます進行していくと予想されます。私たちには、さまざまな園や地域にすでに多様にある専門家の知恵を共有しながら、連帯と創造の子育て支援を実践し、その質を高めることが求められていくでしょう。

本書には通底して、専門家たちの「なんとかしたい」という思いがあります。この思いは少しずつ相手の心に届き、また具体的な手立てを生み出しています。ここにある具体的な家庭や地域の関係性のなかで展開する専門家の知恵が、心をつなぎ、支え、育む、これからの実践の創造へとつながっていくことを願っています。

古賀松香

霊長類学者のハーディ（Hrdy,S.B.）は、人類の進化の過程のなかで、子育ては協同養育という形を獲得してきたとしています。このことからも、子育ては、人の手助けを得ながらコミュニティのなかで営まれることが、本来、自然な姿であることが窺えます。

今回、実践事例の執筆ならびに取材をお願いしたのは、現在のお立場は異なりますが、各取り組みの創設期に保育の実践の場にいらっしゃり、その深化にご尽力された先生方です。また、内容に違いはあるものの、子どもたちや子育て家庭にとってより良い支援のあり方はないかと、保育者自身がその必要性を実感し、支援を始めたというところに共通点があります。そして、こうした保育者の思いを支え実現し得たのは、それぞれの地域の自治体の理解でした。子どもと子育て家庭を“真ん中”に、保育者、そして自治体がそれを囲むようにして形づくってきた姿がこの実践事例集には見られます。まさに、子どもや子育て家庭にかかわる人々の思いにより、人の手で形づくられた実践だといえます。

ここでご紹介するすべての営みを各保育の場で担うのではなく、地域の実情に合わせたものであることが、多様性あるこれからの時代にふさわしい形であると考えます。また、こうした工夫を保育者任せにするのではなく、自治体もその両輪となることが必要です。保育の営みは園や保育者の理念だけでは成し得るものではなく、コミュニティを形づくる自治体の協力が不可欠です。一方、自治体にとっては、子育て支援の取り組みがコミュニティデザインの一助となり、地域再生の要となることとも思います。

これからの保育の場が、協同養育を行ううえで理想的な地域資源の一つとして、地域に住まう子育て家庭にとって心強い拠り所となることを願います。

堀　科

■執筆者一覧

編集代表
倉石哲也（くらいし・てつや）　本書第1章・第2章執筆
武庫川女子大学教授

編集
石井章仁（いしい・あきひと）
大妻女子大学准教授

古賀松香（こが・まつか）
京都教育大学教授

堀　科（ほり・しな）
東京家政大学准教授

事例執筆
CASE 1　（風の子保育園）……内山広美・石丸晴香
CASE 2　（京都教育大学附属幼稚園）……北山千嘉子
CASE 3　（勝山保育園）……中川浩一
CASE 4　（聖愛園・あすなろ）……安井知香・河野裕樹
CASE 5　（さいたま市巡回保育相談事業）……下田敏江
CASE 6　（はくさんひかり園）……山﨑朋子
CASE 7　（東京都江東区マイ保育園ひろば）……取材：堀科
CASE 8　（認定こども園 母の会）……真﨑みよ子・吉武満恵
CASE 9　（認定こども園 風の丘）……甲斐恵美
CASE10　（横浜市北上飯田保育園）……河原知子
CASE11　（特定非営利活動法人こどもコミュニティケア）……末永美紀子
CASE12　（熊本市山東こども園）……津山智子
CASE13　（西宮市こども支援局子育て事業部）……堤下康子
CASE14　東京都北区公立保育所元職員　中村教子
CASE15　（カナン子育てプラザ21）……沖田久美子
CASE16　（第二勝田保育園）……丸山純
CASE17　（認定NPO法人フローレンス「ほいくえん子ども食堂」）……取材：編集部
CASE18　（東金市立保育所・認定こども園）……大泉由美子ほか
CASE19　東京都北区公立保育所元職員　中村教子
CASE20　（京都市）……京都市営保育所長研究会一同
CASE21　（睦沢町立睦沢こども園）……篠田真樹子
CASE22　（渋谷区立富ヶ谷保育園）……金子葉

人口減少時代に向けた
保育所・認定こども園・幼稚園の子育て支援

地域とともに歩む22の実践事例

2023年2月20日　発行

編集代表	倉石哲也
編集	石井章仁、古賀松香、堀　科
発行者	荘村明彦
発行所	中央法規出版株式会社
	〒110-0016
	東京都台東区台東3-29-1　中央法規ビル
	Tel 03-6387-3196
	https://www.chuohoki.co.jp/
本文イラスト	ふるやたかし
装丁・本文デザイン	Boogie Design
印刷・製本	株式会社アルキャスト

定価はカバーに表示してあります。
ISBN978-4-8058-8817-9

本書の内容に関するご質問については、下記URLから「お問い合わせフォーム」
へご入力いただきますようお願いいたします。
https://www.chuohoki.co.jp/contact/